T0299183

أساليب وطرائق تدريس الرياضيات

للمرحلة الأساسية

بسم اللـه الرحمن الرحيم

- عنوان الكتاب : أساليب وطرائق الرياضيات
- المؤلف: فتحي ذياب سبيتان
- الطبعة : الأولى
- سنة المشر: 1433ه, 2012م
- رقم الإيداع لدى دائرة المكتبة الوطنية: (2011/9/3431)

371,3

الواصفات : /طرق التعلم// أساليب التدريس // الرياضيات/

دار الخليج للنشر والتوزيع

- تلفاكس: 4647559 - 6 - 962+
- ص.ب.: 184034, عمان, 11118, الأردن.
- البريد الإلكتروني: daralkhalij@gmail.com
- الفيس بوك: http://www.facebook.com/daralkhalij

- الإخراج الفني والتنسيق: abdobbisi@yahoo.com

- تلفون: 5838878-78-962+ || 6937555-79-962+

أساليب وطرائق تدريس الرياضيات للمرحلة الأساسية

فتحي ذياب سبيتان

دار الخليج
للنشر والتوزيع

الإهداء

إلى والدي ووالدتي لفضلهم بعد الـله عليّ
'لى معلمي اليوم والغد.
إلى أخواني معلمي الرياضيات
أهدي هذا الجهد المتواضع

المؤلف

محتويات الكتاب

المقدمة

مقدمة

لقد نشأ علم الرياضيات منذ القدم لسد حاجات المجتمع وتنظيم حياته ومعاملاته المختلفة وأموره الخاصة، وما زال علم الرياضيات يتطور ويتجدد بتطور حاجات وظروف المجتمع، فقد انتشر استخدام الحاسوب والإنترنت في علم الصناعة والتجارة وكافة الأعمال مما جعل استخدام الرياضيات ضرورة حتمية في معظم أعمالنا وحياتنا اليومية، كما صبغ هذا العصر بصبغة رياضية عامة وهذا ما ألقى على المؤسسات التعليمية واجب إعداد الأجيال الحاضرة والقادمة لخدمة المجتمع وسد حاجاته من الخبرات المختلفة ومنها الرياضيات، وكما أن عليها أن تعيد النظر في المناهج والمواد الدراسية المختلفة لنواكب تطور المجتمعات ونلحق بركب الحضارة ونلبي حاجات مجتمعنا من القدرات والكفاءات المطلوبة في شتى المجالات ومنها الرياضيات، وكان لا بد لمؤسساتنا التربوية أن تواكب تطورات العصر وأن تتبنى الوسائل والأساليب الحديثة وأخر ما توصلت إليه النظريات الحديثة في التدريس والابتعاد عن الطرق والأساليب العشوائية والتقليدية القديمة.

وقد تناولت في الفصل الأول من هذا الكتاب فكرة عامه عن أهداف تدريس الرياضيات حيث أنها النتاجات المتوقعة والتي يسعى كل معلم لتحقيقها.

كما أن أهداف تدريس الرياضيات تتحول وتتغير من عصر إلى آخر تبعا للتطور الذي يطرأ على عليها وبسبب تغير أهداف التعليم من حين إلى آخر، لذا تتحمل الرياضيات قسطا كبيرا من مسؤولية تحقيق أهداف التعليم في المجتمع بصورة عامة نظرا لتغير حاجات وظروف وتطور المجتمع.

أما عن كيفية تحقيق هذه الأهداف فهو محور الفصول المختلفة في هذا الكتاب والتي أحاول من خلالها أن أقدم عرضا مختلفا للأفكار والمفاهيم والمواضيع الحديثة والتي لها دلالة في تدريس الرياضيات.

كما تناولت في الفصل الثاني أراء بعض كبار علماء التربية وعلم النفس أمثال بياجيه وبرونر ممن ساهموا مساهمة فعّالة على التأثير في تدريس الرياضيات، كما تطرقت إلى تقسيمات العالم بياجيه لمراحل عملية النمو عند الطفل وخصائص كل مرحلة. كما تطرقت إلى المبادئ العامة والممارسات الصفية المرغوبة والتي تؤدي إلى تلم أفضل في الرياضيات، ثم عرضت نماذج مختلفة من الخرائط المفاهيمية والتي يمكن أن يلجأ إليها المعلم كأسلوب حديث في تعلم الرياضيات من خلال المنحى التكاملي التربيطي للمواد المختلفة.

أما في الفصل الثالث فقد تطرقت إلى أهمية معلومات وخبرات الطلاب ما قبل المدرسة في تعلم الرياضيات، لأن العديد من المعلمين يجهلون أن هناك بعض المعلومات والخبرات والمفاهيم الضرورية والتي يجب أن يمتلكها الطلاب قبل التحاقهم بالمدرسة والتي تعتبر جسرا هاما لتعليم الرياضيات في المدرسة، كما أن الكثير من إخواني يجهلون أن الاستعداد الرياضي ليس هبة يختص بها بعض الطلاب دون

غيرهم، إنما يتوقف غالبا على طبيعة ونوعية البداية في تعلم الرضيات، كما أثبتت البحوث أن تعلم الرياضيات المعاصرة والتي يعتمد على المسلمات السيكولوجية للأطفال يبعث على البهجة والسرور والمتعة خلال دراستها ويقلل من حالات الذين يخفقون فيها.

وفي الفصل الرابع تطرقت إلى أهم الأساليب التي تؤدي إلى ضعف تحصيل الطلاب في مادة الرياضيات حتى لا يقع فيها المعلم وحتى يتداركها خلال مسيرته في تعليم الرياضيات لطلابه، كما تطرقت إلى الأسس السيكولوجية الحديثة في تعلم الرياضيات من خلال مناقشة أبحاث العالم التربوي بياجيه والمتعلقة بنمو المفاهيم الرياضية للعدد والفراغ والقياس والمنطق.

أما الفصل الخامس فقد ناقشت من خلاله مفهوم الاستعداد للتعلم وإلى بعض أساليب تعلم الرياضيات كأسلوب حل المشكلات والتعلم بالاكتشاف وتفريد التعليم والتعليم المبرمج، واستخدام الحاسوب في تعلم الرياضيات، كما تطرقت إلى نظرية التعلم ذي المعنى للعالم التربوي أوزبل وإلى مراحل تعلم الرياضيات المختلفة.

أما الفصل السادس فقد تعرضت فيه إلى أساليب تدريس الرياضيات لطلاب المرحلة الأساسية الدنيا، لأن هذه المرحلة تعتبر من أهم وأخطر مراحل التعلم لدى الطفل ولأنها تعتبر مرحلة تأسيس وبناء، كما أشرت في نهاية هذا الفصل إلى أهم الصعوبات التي تواجه طلاب هذه المرحلة في تعلم الرياضيات حتى يسعى المعلم إلى دراستها والعمل على تجاوزها وعلاجها في الوقت المناسب وأولا بأول والحيلولة دون وقوع طلابه فيها.

أما الفصل السابع فقد ناقشت فيه أساليب تـدريس بعـض المواضيع الهامـة في الرياضيات مثل العَد والعدد والعمليات الحسابية والكسور العادية والكسور العشـرية لتكـون هـذه الأسـاليب معينا وعاملا مساعدا للمعلم في تدريسه الرياضيات.

أما الفصل الثامن فتناول موضوع الرياضيات والتقويم التربوي والتعرف إلى مفهوم التقـويم التربوي واستراتيجياته وأهدافه ومستوياته وأساليبه.

إن هذا الكتاب هو جهد متواضع وضعت فيه معلوماتي وخبرتي وتجربتـي الميدانيـة كمعلـم ومدير مدرسة ومشرف تربوي، وأرجو من اللـه عز وجل، أن أكون قد وفقت في جهدي هذا والـذي أقدمه لإخواني من المعلمين ورجال التربية والمهتمين. وأرجو أن يحقـق هـذا الكتـاب الأهـداف التي وضع من أجله.

اللـه ولي التوفيق

المؤلف

الفصل الأول

أهداف تدريس الرياضيات

مقدمة

يتحول الهدف من تدريس الرياضيات من عصر إلى آخر بسبب التطور الذي يطرأ عليها من جهة وبسبب تغير أهداف التعليم من جهة أخرى، وذلك لأن الرياضيات تتحمل قسطا كبيرا من مسؤولية تحقيق أهداف التعليم بصورة عامة، كما أن النظريات التربوية الحديثة قد أثرت تأثيرا ملحوظا على إعادة تنظيم تدريس الرياضيات تنظيما فنيا على مراحل تطور النمو الفكري للمتعلم، بالإضافة إلى التنظيم المنطقي لمحتوى مادة الرياضيات ذاتها، وقد أوصت النظريات التربوية الحديثة بتبني وسائل وأساليب حديثة في التدريس والتقليل من إتباع الطرق التقليدية، وإن تعليم الأطفال بهذه الطريقة التقليدية لن يكون أكثر من سرد لأرقام يحفظونها ويتغنون بها دون فهم معناها، لذا ينبغي ألا نشجع الأطفال على الاستمرار في هذه الطريقة العقيمة.

كما أن الاستعداد الرياضي ليس هبة- كما يعتقد البعض- يختص به بعض الأطفال دون البعض الآخر، وإنما يتوقف على طبيعة ونوعية البداية في تعليم الرياضيات، وقد أثبتت البحوث أن تعلم الرياضيات المعاصرة الذي يعتمد على المسلمات السيكولوجية للأطفال، يبعث على السرور والبهجة والمتعة أثناء دراستها، ويقلل من حالات الذين يخفقون فيها.

ومن المتفق عليه أن الهدف الأساسي من تدريس الرياضيات بصورة عامة هو المساهمة في إعداد الفرد للحياة العامة بغض النظر عن عمله أو تطلعاته للمستقبل من ناحية، ومن ناحية أخرى المساهمة

في إعداد الفرد لمواصلة دراسته في الرياضيات نفسها أو موضوعات أخرى أثناء وجوده في المدرسة وبعد تخرجه منها كذلك.

وحتى يسهل دراسة الرياضيات وترجمتها إلى أهداف خاصة (لكل مرحلة أو موضوع أو درس) ليمكن تحقيقها، فقد تم تبويب هذه الأهداف في أربع مجموعات كما يلي.

1. أهداف تتعلق بفهم الرياضيات، أي بفهم المفاهيم والعلاقات والقواعد والقوانين الرياضية والتركيب الرياضي وطبيعة البرهان.

2. أهداف تتعلق بغرس أو تحسين طرق التفكير الرياضية وحل المشكلات.

3. أهداف تتعلق بتذوق الجمال الرياضي وتقديره وحب الرياضيات لتركيبها الذاتي، أو تطبيقاتها في الحياة، أو لدورها في الحياة التقدمية العصرية، والمتعة في تجربتها واكتشافها.

4. أهداف تتعلق بتكوين العادات والاتجاهات السليمة من تعلم الرياضيات.

لذا عند قيام المعلم باختيار أهداف واستراتيجيات تدريس الرياضيات في أي مرحلة دراسية، عليه أن يراعي حاجة الطالب لفهم بعض الظواهر الطبيعية واستخدام الأساليب الرياضية في البحث والتحليل واتخاذ القرارات، وكيفية إسهام الرياضيات في التراث الثقافي للمجتمع، وإعداد الفرد للمهن المختلفة، واستخدام الرياضيات في التواصل الفكري والحضاري.

☒ أهداف تدريس الرياضيات في المرحلة الأساسية والثانوية:

1. أن يتعرف الطالب على لغة الرياضيات وخصائصها والـدور الـذي تلعبـه الرمـوز في إكسـاب اللغـة الدقـة والوضوح.

2. أن يستخدم الطالب لغة الرياضيات في التعبير عن أفكاره وإيصالها للآخرين بدقة ووضوح وسهولة.

3. أن ينمي الطالب قدرته على التفكير المنطقي والبرهان الرياضي ويستخدم ذلك في فهم المشكلات وحلها.

4. أن ينمي الطالب فهمه لطبيعة الرياضيات كبناء منظم من المعرفة.

5. أن يزداد فهم الطالب للمحيط المادي الذي يعيش فيه من خلال دراسته النماذج الرياضية وخصائصها.

6. أن ينمي الطالب مهارته في إجراء الحساب باستخدام وسائل متنوعة.

7. أن يتعرف الطالب علـى أسـاليب جديـدة في تنظيم المعلومـات مثـل: الوسـائل الإحصائية وخرائط سـير العمليات.

8. أن يكتسب الطالب اتجاها علميا في مواجهة المشكلات وتحليلها واختيار الحلول المناسبة لها.

9. أن يكتسب الطالب اتجاهات في التساؤل والابتكار والبحث.

10. أن يتزود الطالب بالمعلومات الرياضية اللازمة لمتابعة دراسته الجامعية، ودراسته في مجال وحقول المعرفة الأخرى.

11. أن ينمي الطالب تذوقه للجمال والتناسق من خلال دراسته للأشكال الهندسية والبنى الرياضية.

12. أن يدرك الطالب الدور الحضاري والاجتماعي للمعرفة الرياضية وتطورها على مر العصور.

☒ أهداف تدريس الرياضيات في المرحلة الابتدائية

1. أن يفهم الطالب معنى المصطلحات والتعاريف والأفكار التي تقوم عليها العمليات في مبادئ الحساب والهندسة.

2. أن يكوّن الطالب المهارات العددية بطريقة الفهم أولا، ثم بالتدريب والتمرين حتى يستوعبها.

3. أن ينمي الطالب قدرته على استخدام الحقائق والمفاهيم والمهارات الحسابية والهندسية في مواقف الحياة اليومية.

4. أن ينمي الطالب قدرته على التفكير الصحيح باستعمال الأرقام ومبادئ المقارنة والمقابلة وإدراك العلاقات.

5. أن ينمي الطالب عادة الدقة والنظام في حياته الخاصة والعامة.

6. أن يبدأ الطالب باستخدام الأسلوب المنطقي في فهم المشكلات وحلها واستخلاص النتائج والتعبير عن أفكاره بدقة وبالمصطلحات الرياضية المناسبة.

7. أن يتزود الطالب بالقدر الضروري من المهارات والخبرات الرياضية التي تساعده على النجاح في حقول المعرفة الأخرى وفي متابعة دراسته التالية، أو فيما يتجه إليه من المجالات الأخرى في حياته العملية.

8. أن يكتسب الطالب الثقة بالنفس والاعتماد عليها والقدرة على حُسن التصرف في المواقف المختلفة.

9. أن ينمي الطالب نواحي شخصيته الذوقية والخُلقية، وذلك بتذوق الجمال في الترتيب والتنسيق، وتلمسه للمتعة في إنجاز وإتقان العمل وطلب الحقيقة والصبر في البحث عنها.

وقد اهتمت مناهج الرياضيات الحديثة اهتماما كبيرا بتنمية التفكير الرياضي عند الطلبة، وإكسابهم طريقة التفكير العلمي والتي تعتمد على بناء رياضي دقيق أساسه الفهم والمنطق.

ومن الأهداف الأساسية لدى أي نظام تربوي، تعليم الطلاب التفكير الناقد، والذي يتطلب القدرة على عمل استنتاجات منطقية صحيحة، وتمييز المغالطات، وتحديد عدم التناسق بين العبارات.

وللتفكير الناقد عدة مظاهر، ويعتبر البرهان الرياضي أحد عناصر هذه المظاهر.

ـ ومن مظاهر التفكير الرياضي ما يلي:

1. التعميم: ويعني توسيع القاعدة العامة لأكثر من الحالات المطلوبة سابقا.

2. الاستقراء: ويعني الوصول إلى نتيجة عامة من بعض المشاهدات الخاصة.

3. الاستدلال: ويعني الوصول إلى نتيجة خاصة، من مبدأ عام أو مفروض.

4. التعبير بالرموز: استخدام الرموز كلغة للتعبير عن الأفكار والمعلومات الرياضية.

5. التفكير المنطقي: وهي الانتقال المقصود مـن المعلـوم إلى غـير المعلـوم مسترشـدا بمبـادئ وقواعد موضوعية، هي قواعد المنطق.

6. البرهان الرياضي: ويعني استخدام الدليل المنطقي لبيان صحة عبـارة مـا تتبـع مـن صحة العبارات السابقة.

مما سبق نستنتج أن المناهج الحديثة في الرياضيات تمتـاز بتركيزهـا عـلى البُنـى الرياضية، ويهدف هذا إلى بيان أن الرياضيات كلٌّ متكامل تربط أجزائه روابـط قويـة ومتداخلـة مـع بعضها البعض، وتستعمل لغة موحدة للتعبير عن المفاهيم الرياضية وأساليب منطقية للتوصل إلى النتائج.

كما أن المناهج الحديثة قللت من التركيز على المهارات الحسـابية بسـبب وجـود واسـتخدام الحاسبات الصغيرة والإلكترونية والتي تستطيع القيام بالعمليات الحسابية بدقة وسرعة فائقة.

ومن ناحية أخرى فالمناهج الحديثة في الرياضيات تزود الطالب بأساليب متعددة للتقريب وتؤكد على أن الأعداد التي نتعامل معها ليست أعدادا مطلقة ثابتة دائما، كـما أن المنـاهج الحديثـة تركز على التطبيقات العملية المتنوعة والتي تشمل أكثر من مجال من المجالات الحياتية.

ولم يعد الاهتمام بتـدريس الرياضيات قاصرا عـلى إكسـاب التلميـذ المهـارات أو دراسـته الحوافز الدرسية، بل أصبح الاهتمام

موجها إلى دراسة ما الذي يمكن أن ندرسه، ومتى وكيف ندرس المفاهيم الرياضية بالصورة التي تناسب التلاميذ في مراحل نموهم المختلفة.

وقد يستطيع المدرس من خلال خبرته أن يعرف عمّا إذا كان تلميذه قد ألم ببعض المعلومات الرياضية، أو في استطاعته القيام ببعض العمليات الحسابية بدقة، ولكن ذلك لا يدل على أن التلميذ قد استوعب وفهم فهما عميقا المفاهيم والأساسيات الموجودة وراء العمليات المختلفة.

فما يكون واضحا في ذهن المعلم قد لا يكون له أي دلالة بالنسبة لعقلية التلميذ، وهنا يجب أن نأخذ في الحسبان مستوى النمو العقلي ونوعية التفكير في مرحلة النمو التي يمر فيها التلميذ، وإلا تعقدت العملية التربوية في غير صالح التلميذ.

فإذا تعلم التلميذ عن ظهر قلب قواعد العمليات الحسابية، أو جدول الضرب..... وما شاكلها دون أن يعي ما هو مفهوم العدد، قد يدفعه ذلك إلى الجمود الذي يتعارض مع فهم الأسس الأولية للرياضيات التي سيقابلها فيما بعد، أما إذا قدمنا العمليات الحسابية إلى تلميذ لم يصل نموه بعد إلى درجة تقبلها بالصورة المعطاة، فإن التلميذ سيجد نفسه أمام الرموز الغامضة التي قد تولد لديه الخوف من مادة الرياضيات والكراهية لها.

وسنلقى الضوء فيما يلي على مراحل وعملية النمو مع التعرض لنمو المفاهيم المختلفة ومناقشة الاستفادة من تطبيقاتها في التدريس.

الفصل الثاني

مراحل النمو عند الطفل

☒ بعض خصائص النمو للمتعلم

ليس غريبا أن تهتم التربية بالمتعلم الفرد، فالتربية عملية توجيه لنمو الناشئ إعدادا له للمشاركة في حياة الجماعة مشاركة فعالة ومثمرة. ولكي تؤدي التربية الثمار والأهداف التي يسعى إليها المجتمع، كان لا بد للتربية أن تتمشى مع خصائص المتعلم ومع المستوى الذي وصل إله نموه، ومع احتياجاته ومتطلباته في مرحلة النمو التي يمر فيها. لذا فمحور العملية التربوية هو الفرد. ولا فاعلية ترجى من ورائها إذا أغفلت ما للفرد من خصائص واحتياجات.

وسأتطرق في البداية لمراحل النمو الأربع التي قسمها العالم بياجيه، ثم سأتطرق بعد ذلك لبعض خصائص النمو على المرحلتين الإعدادية والثانوية حيث يتراوح عمر الطالب بين اثنتي عشرة وثماني عشرة سنة وهي المرحلة التي تقابل من مراحل النمو التي يحددها علماء النفس بمرحلة المراهقة.

وقد فسر العالم السويدي بياجيه piaget النمو العقلي على أساس عمليتين هما:

1. التمثيل (الاستيعاب) (Assimilation)

2. التكيف والملائمة (Accomodation)

ويقوم الطفل بواسطة العملية الأولى باستيعاب وامتصاص العالم المحيط به من أجل تكوين نموذجا خاصا في ذهنه لهذا العالم.

أما العملية الثانية فيتم بواسطتها تعديل وتكييف هذا النموذج طبقا للخبرات الجديدة.

وقد قسم العالم بياجيه مراحل نمو الطفل إلى أربع مراحل هي:

- المرحلة الأولى: مرحلة الإحساس والحركة (المرحلة الحس حركية) (من الميلاد حتى سنتين)

يقوم الطفل في هـذه المرحلـة ومـن خـلال حواسـه وحركاتـه المختلفـة ومـن خـلال اللعـب
واكتشافه ما حوله من تكوين صورة ثابتة من الأشكال المختلفة والعلاقة بينها ويتعرف على أساسها
على مثل هذه الأشكال.

وتتميز خصائص هذه المرحلة بما يلي:

1. إن الاستجابة مرتبطة بالمثيرات، فالطفل يستعمل حواسه ويتعامل مع المدركات ويستجيب لهـا،
فهو يميز أمه ويحرك يديه وشفتيه عندما يرى زجاجة الحليب.

2. ومن خلال حواسه يتعرف إلى أشياء محدودة (أفعال انعكاسية).

3. لا تظهر من الطفل في هذه المرحلة أي تصرفات تـدل عـلى تفكير أو أي تصور للأجسـام أو
الأعمال.

- المرحلة الثانية: مرحلة ما قبل التفكير بالعمليات (من سنتين إلى سبع سنوات)

في هذه المرحلة تبدأ اللغة بالظهور، وتترجم على أساسها الحركات والأحاسـيس المختلفـة إلى
أفكار ورموز، ويوسع الطفل النمـوذج الـذي بنـاه عـن العـالم الخـارجي عـن طريـق لعبـه وخيالـه
واكتشافاته واستفساراته ومشاركته في الكلام، ويكون تفكيره سطحي ومرتبط بالمظاهر الإدراكية (مـا
يحسه وما يراه).

كما لا يستطيع الطفل في هذه المرحلة أن يفكر في مفهومين معا، لذا على المعلم أن يدرك في هذه المرحلة أن قدرة الطالب على الاستيعاب تكون محدودة، لذا عليه أن لا يرهق الطالب بمفاهيم ومعلومات هي فوق طاقته وقدرته وفوق مدى إدراكه، كما على المعلم في هذه المرحلة اللجوء إلى الوسائل والأمثلة الحسية والملموسة حتى يرتبط المفهوم في ذهن الطالب بشكل سليم.

وتتميز خصائص هذه المرحلة بما يلي:

1. التطور اللغوي: ينمو الطفل في هذه المرحلة نموا كبيرا في استعمال اللغة، فيبدأ بمفردات قليلة وأشباه جمل، وينتهي بجمل مفيدة وحصيلة لغوية كبيرة نسبيا.

2. التطور الاجتماعي: يبدأ الطفل بتقبل غيره ويتعامل مع الكبار والصغار، وتنمو لديه بعض العادات الاجتماعية مما يتعلمه ويلاحظه مما حوله.

3. التفكير الخيالي: يكلم الطفل نفسه، ويتحدث مع لعبته ويعاقبها ويسرد قصصا من مخيلته، وتنمو لديه أفكار التجسيد فيظن أن الألعاب تأكل وتشرب وتغضب.

4. التقليد: يقوم الطفل بتقليد الأصوات والحركات والأفعال التي يراها ويلاحظها، وهذا يدل على تخزين فكري أو استيعاب لهذه الحركات والأفعال.

5. في هذه المرحلة لا يقدر الطفل على إجراء العمليات العقلية، لأنه لا يستطيع أن يفكر منطقيا، ويخلط الحقيقة بالخيال، وتفكيره يكون غير منعكس، فإذا سألته عن اسم شخص ما،

تجده يقول أنه أخوك أو أبوك، فهو لا يميز ولا يركز بين الكل والجزء.

6. يعرف الحالات، ولكنه لا يدرك عمليات التغير، كتغير كمية سائل عند وضعه في أنابيب مختلفة الأقطار والأحجام، ويأكل التفاحة.... ويطالب بها.

7. في هذه المرحلة يكون الطفل أنانيا، لا يفهم وجهة نظر غيره، ويريد أن يمتلك كل ما يراه.

8. مفهوم الزمان والمكان غير مكتمل لديه، فهو يعرف الماضي والمستقبل ولكن دون عمق، كما يعرف الأمكنة ولكنه لا يستطيع أن يرتبها حسب بعدها أو قربها.

9. محب للاستطلاع، وإذا بدأ بشيء فمن الصعب أن توقفه قبل أن ينهي كل ما يريد قوله.

- **المرحلة الثالثة: مرحلة العمليات الملموسة (الغير مجردة) (مرحلة العمليات الحسية) (من 7 - 12 سنة).**

يستطيع الطفل في هذه المرحلة أن يربط بين المفاهيم المختلفة بعلاقات إما رياضية أو منطقية، وأن يفكر تفكيرا(غير مجرد) أي في أشياء ملموسة ومحسوسة (أشياء حقيقية)، ويمكن تفسير الأشياء الملموسة على أساس خبرة الفرد السابقة ومستوى نضجه، فقد لا يكون 2+3 ملموسا لطفل الحضانة، ولكن ذلك يكون ملموسا لطفل المرحلة الابتدائية، وحيث لا يكون س + ص ملموسا له، في حين يكون ذلك ملموسا لطالب المرحلة الإعدادية والثانوية.

ومن أمثلة العمليات الملموسة في هذه المرحلة (عمليات التصنيف وعمليات الترتيب والعلاقات).

وتتميز خصائص هذه المرحلة بما يلي:

1. يستمر الفهم لديه من خلال العمليات الحسّية المباشرة، حيث يرتبط التفكير بالمثيرات والحوافز والتشجيع.

2. تبدأ لديه عمليات التفكير المنطقي، فيدرك الطالب عمليات الجمع والطرح والضرب والقسمة وإشارات أكبر من > وأصغر من <.

3. يصوغ فرضياته، ويتصورها بشكل مبسط.

4. يتكون لديه مفهوم الحفظ، لأن حفظ الأشياء يبدأ من سن 8 سنوات وحفظ الوزن من 9 سنوات وحفظ الحجم من سن11 سنة.

5. يدرك أبعاد الزمان والمكان بتحديد الأبعاد وترتيب الفترات الزمنية.

6. يتصور الأحداث عقليا ومنطقيا، ويأخذ بالأسباب والنتائج، فيبني فرضيات ويعطي نتائج.

7. يظهر التفسير المتسلسل، فيفكر في أكثر من متغير في نفس الوقت.

8. تنمو لديه القدرة على إدراك التحولات، مثل تحول الصلب إلى سائل والسائل إلى غاز، ومفهوم الطول والمساحة والحجم.

9. يستطيع استخلاص النتائج من التجارب، ويدرك العلاقات البسيطة بين المتغيرات.

- المرحلة الرابعة: مرحلة العمليات المجردة (من سن 12 سنة فما فوق)

يبلغ الطفل في هذه المرحلة أقصى مراحل النمو في التفكير على أساس العمليات الموجودة والتي تبلغ ذروتها في سن (14-15)سنة، ويكون تفكير الطفل (البالغ) فيها على أساس تركيبي منطقي قائم على وضع الفروض والاستنتاج الاستدلالي.

- ومن خصائص هذه المرحلة ما يلي:

1. يستطيع الطفل (الطالب) في هذه المرحلة أن يستوعب الأفكار المجردة سواء كانت لغوية أو رمزية، فيفهم القوانين والنظريات والاستعارات والكنايات والتشبيهات..... وغيرها.

2. يستوعب مفهوم التجربة، فيفهم الهدف والغرض والنظرية.

3. يستطيع التفكير بطريقة منطقية، فيستعمل طرق الاستقراء والاستنباط والمقارنة في تفكيره.

4. في هذه المرحلة قد لا يحتاج الطفل إلى مثيرات أو إلى دوافع خارجية، حيث يمكنه أن يكون صاحب المبادأة.

5. يفكر تفكيرا مشعبا، أي يدرك جميع نواحي المشكلة في نفس الوقت.

6. يستطيع التمييز بين الفرض والحقيقة، ويميّز بين الرأي والواقع وبين النظرية والقانون.

7. يستطيع تصميم التجارب، ويصنف التحسينات التي يمكن إجراؤها، أو التفكير في تجربة بديلة تؤدي نفس الغرض.

☒ خصائص النمو النفسي والاجتماعي والعقلي لطفل المرحلة الابتدائية:

- صحة الطفل مدخل لفهم الطفل:

يصعب فهم طفل المرحلة الابتدائية بمعزل عن صحته، لذا فالطفل المريض يمثل مشكلة تربوية حيث يحول المرض بينه وبين تحقيقه أهدافه، خاصة وأن أمراض الطفولة ربما تؤثر بدرجة كبيرة على أعضاء الطفل الحسّية كالعين والأذن مما يزيد في صعوبة عملية التعلم لديه، كما يلعب نقص التغذية في البيئات الفقيرة دورا هاما في تعرض الطفل للأمراض وفي جعل الطفل أقل قدرة على القيام بواجباته المدرسية.

وقد خلصت دراسة ميدانية أجريت مؤخرا على مجموعة من المدارس الابتدائية إلى الملاحظات الهامة التالية:

1. أن 40% من الأيام الدراسية تضيع من طلاب المدن والمناطق الريفية لترددهم على المراكز الصحية وطلبا للعلاج.

2. أن نسبة الغياب لا تختلف كثيرا بين أبناء المدن والريف.

3. أن أمراض الرشح والزكام أقل انتشارا بين أبناء الريف عنها بين أبناء المدن.

4. الطلاب الصغار من سن 6 سنوات إلى 9 سنوات يتغيبون لأسباب صحية أكثر من الطلاب الكبار الذين هم فوق سن 13 سنة.

5. تزداد نسبة الغياب بين الطلاب بصورة ثابتة من شهر أيلول حتى شهر آذار ثم تأخذ بالانخفاض.

ويلاحظ المعلم بأن الطفل الخالي من المرض غالبا ما يكون متفاعلا محبا لمدرسته نشيطا كثير الحركة والحيوية بعكس الطالب المريض، لذا فالمدرسة الابتدائية مسؤولة في الواقع عن صحة طلابها، كما يجب تدريب وتعويد الطلاب على كيفية الاعتناء بعيونهم وآذانهم وأسنانهم والحفاظ على نظافة أجسامهم والتعود على العادات الصحية الصحيحة.

وإذا أردنا أن نتخذ صحة الطفل مدخلا لفهم الطفل، يجب أن لا يقتصر ذلك على الجوانب الجسمية، بل يجب أن يمتد ليشمل الصحة العقلية والنفسية أيضا.

- خصائص النمو النفسي لطفل المرحلة الابتدائية:

في بداية هذه المرحلة وعندما يكون الطفل في سن السادسة يبدأ في الانتقال من بيئة المنزل إلى المدرسة، لذا قد يعاني الطفل صعوبة انفعالية بسبب انتقاله من بيئة الأب والأم والأخوة حيث يشعر فيها بالعطف والحنان والدلال والاطمئنان، إلى بيئة جديدة وغريبة عليه وغير مألوفة له، لذا فالطفل في بداية اتصاله بالمدرسة يحتاج

إلى مزيد من التشجيع والحنان من معلميه أكثر مما يحتاجه طفل آخر التحق بالمدرسة في العام الماضي.

وتفيد الدراسات أن طفل السادسة غير مستقر انفعاليا، ويمكن أن تنتابه ردات فعل سلبية عند تعرضه للخوف أو الإجهاد الشديد، ويمكن التغلب على صعوبة الانتقال لأول مرة من البيئة المنزلية إلى البيئة المدرسية الجديدة عن طريق استغلال الطلاب في هذه السن إلى القصص والروايات واللعب والقيام بأدوار البطولة، وإشراكهم في تزيين وتجميل الصف، وتوفير المواقف التعليمية التي يتحملون فيها المسؤوليات الصغيرة التي تتلائم مع نضجهم ومستوى إدراكهم وقدراتهم وذلك من خلال هذه القصص والروايات والألعاب المناسبة غير الخطرة.

أما طفل السابعة فتلاحظ ازدياد حساسيته لشعور الآخرين نحوه، ويغلب عليه عدم الاستقرار والميل إلى الثورة، وقد يستسلم لأحلام اليقظة ويستغرق في الخيال، ويحاول الدقة في فعل الأشياء، كما يصبح لديه فهما مبدئيا عن قيمة الوقت والنقود، ويصبح قادرا على تحمل بعض المسؤوليات البسيطة، ويميل إلى المبالغة والاعتزاز بنفسه، وقد يؤدي ذلك إلى الطموح إذا وجد التشجيع والتحفيز والمكافأة، لذا فهو يحتاج إلى التوجيه الهادف والحزم من غير عنف ولا تساهل، كما يحتاج إلى الأمان وتقبل الذات، وقد أثبتت الدراسات أن الأطفال ينمون بطريقة أفضل إذا ما تحققت حاجاتهم الأساسية للأمن والتقبل والنجاح.

وفي الثامنة تغلب الجرأة على الطفل ويميل إلى الخيال ويحب الاشتراك في الروايات ويصبح مغرما ببرامج التلفاز والأفلام وجميع

الأشياء ويتمتع بطاقة ونشاط هائل وتزداد اهتماماته وميوله، ويمكن استغلال هذا النشاط وهذه الميول في تعليمه أنماط السلوك الجيد، ويلاحظ في هذا السن حبه لجماعات الرفاق من نفس الجنس.

أما طفل التاسعة فيميل إلى الكمال، ولكنه يفقد الحماس بسرعة إذا لم يجد التشجيع والتحفيز والمكافأة، أو إذا تعرض لضعف أو إلى إجهاد شديد، ويحتاج الطفل اعتبارا من هذا السن إلى التدريبات الرياضية المناسبة والتي تنمي العضلات وإلى التدريب على المهارات المختلفة، كما يميل في هذا السن إلى القراءة والمطالعة، كما يبدأ الاهتمام بكل ما يحيط به من أشياء وتكثر أسئلته الخاصة بالنمو الجسمي والجنسي بما يلاءم سنه من غير خجل أو انفعال وخاصة من خلال المواد الدراسية المختلفة، كما تنمو لديه الغرائز، فغريزة حب الاطلاع تحفز الطفل إلى الكشف عن معالم البيئة المحيطة، وغريزة حب الملكية تجعل الطفل شديد الحرص على كل الأشياء واقتنائها، أما الاهتمام بالجنس فهو كامن في هذه الفترة، وقد يكون موجها نحو نفس الجنس، فهذه مرحلة ميل الجنس لنفس الجنس، كما تزداد قدرة الطفل على نقد نفسه بنفسه، ويكون على أتم الاستعداد لتقبل النقد من الغير لاسيما إذا كان عادلا ومقنعا.

أما خصائص طفل الحادية عشرة والثانية عشرة فنشاهد غالبا بعض التغيرات الجسمية والاجتماعية والانفعالية والعقلية والتي تعتبر تمهيدا لمرحلة المراهقة.

- خصائص النمو الاجتماعي لطفل المرحلة الابتدائية:

إن طفل المرحلة الابتدائية (6 - 12 سنة) يظهر عليه الميل الاجتماعي بصورة واضحة ويزداد نضجه الاجتماعي كلما زاد

احتكاكه بالمجتمع الذي يعيش فيه، ومن مظاهر النمو الاجتماعي التي تظهر عليه رغبته إلى الاجتماع والتي تجعله يتنبه إلى رأي الناس في تصرفاته، فهو يهتم كثيرا ويتنبه فيما يقولون عنه من مدح أو ذم أو إطراء، وهذا هو أساس السلوك الاجتماعي، ومن مظاهر النمو الاجتماعي كذلك خضوعه لتقاليد المجتمع. كما تبدأ الاتجاهات الاجتماعية تظهر لديه في هذه المرحلة، كالزعامة أو التبعية أو الميل للمساعدة أو الميل أو حب القيادة...... الخ.

كما يصبح الطفل في هذه المرحلة شديد الحرص على التوصل إلى عدد من المبادئ الاجتماعية أو الخلقية والتي تهديهم في سلوكهم، وما يدور بينهم من تفاعل، وكثيرا ما نسمعهم وقد انقسموا في محاولاتهم حول القواعد المنظمة لألعابهم ككرة القدم مثلا وخلافاتهم حول قواعد اللعبة أو من هو الفائز أو المنهزم بينهم...

لذلك فإن هذه المرحلة تعتبر فرصة مواتية للمعلمين والمربين لغرس المبادئ والقيم الحميدة والجيدة في نفوسهم مثل غرس المبادئ الكشفية وحب الخدمة العامة وإنكار الذات وحب الخير للآخرين وبذل كل مساعدة للمحتاجين والعطف على الكبار ومساعدتهم.

ومما لا شك فيه أن درجة النمو الاجتماعي لطالب المرحلة الابتدائية تتأثر بطبيعة البيت الذي نشأ فيه الطالب ودرجة نضج الوالدين ووعيهم، وما يسود الأسرة من علاقات، وكذلك كل ما توفره المدرسة من خبرات اجتماعية من خلال برامج الأنشطة التي توفرها للطلاب مثل فرق الكشافة والمرشدات (للإناث) وفرق الرياضة

المختلفة وفرق الخدمة الاجتماعية ومجموعات حماية البيئة ومجموعات الأزمات ومجـالس الطلبة..... وغيرها من الأنشطة المخططة والتي توفرها المدرسة ضمن خطتها السـنوية لتنميـة هـذا الجانب الهام من حياة الطالب والتي ترافقه لسنوات طويلة من حياته في المستقبل.

- خصائص النمو العقلي لطفل المرحلة الابتدائية:

لقد توصل علم النفس المعاصر إلى أن الطفل كائن يختلف عن الطالـب الراشـد مـن حيـث الماهية، وأن هذا الطفل بعد سنين طويلة من النمو يصل عقله وطبيعته العاطفية وطرق فهمـه إلى الوضع النهائي والذي يجعل منه راشدا، وذلك عن طريق تطور تركيبه.

والنمو العقلي حركة مستمرة من حالة توازن دنيا إلى حالة توازن عليا عن طريق تطور صور الاهتمام والذي يختلف من سن إلى آخر ومن مستوى عقلي لمستوى عقلي آخر خلال أشكال متتالية للتوازن وللتركيبات التي تدل على الانتقال من مرحلة مسلكية إلى مرحلة أخرى.

وتعتبر نظرية (بياجيه) لمراحل النمـو العقـلي والتـي سـبق أن تطرقنـا إليهـا في بدايـة هـذه الدراسة، تعتبر من أكثر النظريات التي تلاقي قبولا حتى اليوم، وطفل المرحلة الابتدائية وفقا لهـذه النظرية يعد في مرحلة العمليات العقلية الحسّية والتي تمتد حتى سن الحادية عشر تقريبا. وطبقـا لنظرية بياجيه، فإن طفل المدرسة الابتدائية يعتبر من ناحية النمو العقلي في مرحلة التفكير الحدسي أو الوجداني، أما في الصف الثالث والرابع يعد في مرحلة العمليات الحسّية، وهـذه المراحـل مترابطـة متصلة وغير منقطعة، ويهدف

النشاط العقلي للطفل في مرحلة التفكير الحدسي أو الوجداني إلى تكوين صورة ذهنية للأشياء وتنمية الرموز اللغوية الدالة عليها خلال تفاعله مع البيئة ومع من هم حوله، حيث يقوم الطفل في هذه المرحلة بعمليات عد وحصر وتمييز وتكوين مناهج مبدئية عن كل ما يدور حوله ويشاهده كما يقوم بعمليات تنظيم وتصحيح عن الواقع من حيث الزمان والمكان والسبب، وتبدأ هذه العمليات في سن السابعة أو الثامنة والتي تمتد حتى سن الحادية عشر تقريبا، والتي فيها تتخذ عملية تنظيم التصورات والمفاهيم المتعلقة بالبيئة صورا أكثر ثباتا. وذلك بفضل تكوين سلاسل من التراكيب المعرفية التجمعية، وهكذا يستمر تفاعل الطفل مع الأشياء والأشخاص حتى يصبح تفكيره غير قاصر على مجرد الإدراك الحسّي أو الممارسة العملية، ولكنه يصبح قادرا على القيام بالعمليات العقلية التجريدية والتي تسمح له بالقيام بعمليات الاستدلال والتعميم، ويصبح قادرا على أن يمتد بتفكيره داخل الزمان والمكان، وهذه هي مرحلة التفكير التجريدي والتي تبدأ بعد سن الحادية عشر وتمتد حتى انتهاء الحياة، لذا تعتبر الخبرة المباشرة والتفاعل الاجتماعي خاصة مع الأقران والأصدقاء من أهم طرق النمو العقلي.

ويرى العالم (بياجيه) أن هناك مجموعة من العوامل التي تعمل على تغذية هذه المراحل المتطورة من حياة الطفل والتي تساعده للوصول إلى التفكير المنطقي الصحيح، وهذه العوامل هي :-

1- النضج: إن هذا العامل يتأثر بمتغيرات البيئة، حيث تعتبر الآثار الخارجية ضرورية وهامة لنمو الجهاز العصبي للطفل، ونلاحظ من خلال تجربتنا مع الأطفال بأن مراحل النضج تختلف من

شخص لآخر، لذا فإن عملية النضج قد تتقدم أو تتأخر تبعا لعوامل أخرى.

2- الخبرة: على الرغم من أن عملية الخبرة عامل أساسي لفهم النمو، إلا أنها وحدها ليست كافية فالطفل ربما يشارك في التجربة وفي فهم التطبيق، لكن الطالب إذا لم يكن عقله منغمسا في النشاط بشكل فاعل وفي التعامل مع المعطيات فلا يمكن أن يحدث تعلم.

3- النمو الاجتماعي: إن العامل الثالث هو التحول الاجتماعي، وأن مرور الطالب على المعلومات من خلال الحديث والنقاش أو الكتب المدرسية هو عامل أساسي ولكنه ليس كافيا، فإذا ما قرأ الطفل أو استمع فقط فإنه قد يصل إلى فهم خاطئ أو مزيف، لذا فإنه يجب أن يطبق هذه المعلومات وأن يفهمها عقليا بحيث تغير البنية العقلية السابقة وتحدث تغيرا وتحولا اجتماعيا ايجابيا وصحيحا.

4- التوازن: إن تطبيق المعلومات إنما يحتوي على عامل توازن ويعتبر هذا العامل من أهم العوامل المؤثرة في عملية النمو العقلي للطفل، فمرور الطفل بموقف معين ينتج صراعا معرفيا بحيث يقوم بالفعل مرة أخرى لكي يقضي على الاضطراب وبالتالي يتم التوازن.

◘ النمو الجسمي والفسيولوجي والحركي للطالب المراهق

أما فيما يختص المرحلتين الإعدادية والثانوية حيث يتراوح عمر الطالب بين اثنتي عشرة وثماني عشرة سنة، وهي المرحلة التي تقابل من مراحل النمو التي يحددها علماء النفس (بمرحلة المراهقة) فسنتطرق إلى بعض خصائصها في الصفحات التالية، فالتلميذ يدخل المرحلة الإعدادية (الأساسية العليا) وهو على أبواب مرحلة المراهقة، ويحدد البعض هذه المرحلة بأنها تبدأ من البلوغ الجنسي حوالي سن 13 وتمتد إلى حوالي سن الواحدة والعشرين حيث يكتمل نضج الأفراد الفسيولوجي من حيث القدرة على التناسل وحفظ النوع، وتبلغ أجسامهم أقصى نمو لها، كما يدنو فيها الفرد من اكتمال النمو العقلي، كما يقترب فيها الفرد من نهاية النضج الانفعالي.

وفيما يلي سنعرض لبعض خصائص نمو المتعلم المراهق في النواحي الجسمية والفسيولوجية والحركية ثم العقلية فالاجتماعية، حتى نتيح للمعلم اكتساب بعض المعارف والخبرات عن هذا الطالب حتى يتمكن المعلم من التعامل الصحيح والمناسب مع هذا الطالب وكيفية التصرف معه خلال فترة نموهم خصوصا في فترة المراهقة والتي تعتريها الكثير من التغيرات في الظواهر الجسمية والنفسية والسلوكية والتي يجب مراعاتها لأنها تنعكس على تصرفات وسلوكيات الطالب المراهق وبالتالي على تعلمه ومستقبله.

وإن الطالب في سنوات دراسته الابتدائية يكون نموه بطيئا متدرجا، يكاد لا يلحظه الذين يعيشون معه، أما قرب نهاية هذه المرحلة ومع

بداية انتقاله إلى المرحلة الإعدادية فيلاحظ علية سرعة في النمو الجسمي.

ويتمثل النمو في بداية مرحلة المراهقة في زيادة سريعة في طول الجسم وعرضه وعمقه ووزنه، والبنات يكن أثقل وزنا من الأولاد بين سن الحادية عشرة والخامسة عشرة، ويبدأ الأولاد في التفوق في الوزن بعد سن الخامسة عشرة، كما يستمر نمو الطلاب في الطول حتى سن الثامنة عشرة أو العشرين، أما البنات فيتفوق نموهن في الطول عند حوالي السابعة عشرة.

كذلك يلاحظ أن أجزاء الجسم المختلفة لا تنمو بمعدل واحد، فالعظام تنمو في أول الأمر بسرعة أكبر من نمو العضلات، ونتيجة ذلك تفقد حركات الأعضاء التوافق والتناسق بينهما، ويحتاج الأمر إلى تعلم توافق حركي يختلف عما كان عليه في مرحلة الطفولة، ويصحب ذلك عادة قلق المراهق وعدم استقراره في المكان الذي يجلس فيه بسبب توتر عضلاته، ولكن هذه الحالة لا تستمر إلى نهاية مرحلة المراهقة حيث أنه في مرحلة متأخرة منها يكتمل التناسق العضلي الحركي بالنسبة للطالب المراهق ويصل فيها إلى أقصى طاقة لاستخدام جهازه العضلي مع السرعة وإتقان الحركات، ويترتب على ذلك قدرة المراهق على كسب المهارات الدقيقة وإتقانها.

وتصاحب النمو الجسمي بعض المظاهر الأخرى مثل ظهور الشعر في أماكن مختلفة من الجسم وتضخم الصوت عند البنين واستدارة الجسم بالنسبة للفتاة، وتضخم وامتلاء مناطق معينة من جسمها، كما يبدأ الفتى في اتخاذ مظهر الرجال، فيزداد كتفاه اتساعا، ويظهر شعر

ذقنه وشاربه، كما تنضج الأعضاء التناسلية ويبدأ الحيض عند البنات والاحتلام عند البنين.

كما ينشأ عن النمو الجسمي السريع بعض التغيرات الداخلية مثل الإحساس بالتعب والخمول وتأثر صحته، ويصبح أكثر تعرضا للإصابة بأمراض الأنيميا وإرهاق القلب وأمراض البشرة(حب الشباب)وغيرها، ونتيجة لهذه التغيرات الجسمية السريعة تظهر آثار نفسية على الطالب المراهق مثل الشعور بالخجل والارتباك ويصير شديد الحساسية لأي نقد يوجه إلى مظهره أو طريقة مشيه أو تصرفاته المختلفة، وهو لا يستطيع التحكم بصوته الذي يتأرجح بين الغلظ والحدة.

ويزداد الأمر تعقيدا بالنسبة للطالب المراهق نتيجة الفروق الفردية بين الطلاب لأن لكل مراهق معدل نمو خاص به، فنرى بين الطلاب المتساوين في العمر الزمني تفاوتا ملحوظا في النضج الجسمي، مما قد يسبب الحرج والمشكلات الانفعالية لأولئك المتأخرين في النمو أو المتقدمين جدا فيه.

وبمعنى آخر، فإن لخصائص المراهقة المتعلقة بالنمو الجسمي والفسيولوجي والحركي آثارها النفسية التي تظهر في اهتمام الطالب المراهق بنفسه وصحته وغذائه وكل ما يتعلق بجسمه ونموه، حيث تنعكس هذه الآثار النفسية على احتياجات المراهق، والتي نعتقد أن على المعلم الانتباه إليها وأن يوليها كل عناية واهتمام وحكمه في التعامل معها، وحتى يتمكن المعلم من استيعاب هذه المرحلة الحرجة في حياة الطالب والتعامل معها بحكمة لمساعدة الطالب والأخذ بيده إلى بر الآمان وحتى تكون المدرسة هي بيته الثاني والمعلم بمقام والده الذي يحنو عليه ويساعده.

- **خصائص النمو العقلي للطالب المراهق:**

يكون النمو العقلي معدله سريعا في مرحلة الطفولة ولكنه يكون بطيئا نسبيا في مرحلة المراهقة وربما يستمر في أوائل العقد الثالث من العمر وإن كان معدله يمر بتذبذبات خلال هذه الفترة.

ويتضح النمو العقلي للمراهق في زيادة قدرته على التعلم وبخاصة ذلك التعلم الذي يبنى على الفهم والميل، وإدراك العلاقات، كما تزداد مقدرته على الانتباه من حيث قدرته ومن حيث المقدرة على الانتباه إلى موضوعات معقدة ومجردة، كما يتجه المراهق إلى تنمية معارفه ومهاراته العقلية ومدركاته الكلية بدرجة لم يسبق لها مثيل قبل هذه المرحلة، كما تزداد قدرته على التخيل المجرد المبني على الألفاظ والصور اللفظية، ويصبح أكثر مقدرة على فهم الأفكار المجردة، وعلى التفكير الاستدلالي الاستنتاجي، والتفكير الاستقرائي، غير أن المراهق يصير أقل ميلا إلى التذكر الآلي في هذه الفترة إذا ما قورن بحاله في مرحة الطفولة.

ومن الظواهر الهامة المتعلقة بالنمو العقلي في مرحلة المراهقة، ظاهرة تنوع أو تمايز النشاط العقلي.

ويقول الكاتب أحمد زكي صالح في كتابه(علم النفس التربوي) إن " إن النشاط العقلي عند الأطفال دون العاشرة يتصف بالعمومية، وقلما يتميز الطفل في نوع معين من أنواع النشاط العقلي، بيد أن الأمر يأخذ شكلا مختلفا في حوالي سن الثالثة عشرة وما بعدها، إذ يبدأ المراهقون في التمايز في نواحي النشاط العقلي"

ويتجه" النشاط العقلي نحو التركيز والبلورة حول مظهر معين من مظاهر النشاط، وتظهر وتتميز القدرات اللغوية والعددية والفنية

والمكانية والميكانيكية والسرعة وغيره ويبرز(أحمد زكي صالح) أهمية هذه الظواهر حينما يطلق على فترة المراهقة، فترة التوجيه التعليمي، ويخلص في مناقشة هذا الموضوع قائلا، واستعداداته وميوله المهنية، ويستحسن أن يكون هذا التوجيه في نهاية المرحلة الإعدادية (نهاية المرحلة الأساسية)، أعني حوالي سن الخامسة عشرة، وذلك أن نضج الاستعدادات الخاصة والميول المهنية، لن يتم إلا في هذا السن تقريبا، حسب البحوث العربية في هذا الصدد" ولهذه الظاهرة أهميتها في كشف ميول الطلاب بدرجة أكثر يقينية في فترة المراهقة عما في الفترة التي تسبقها.

ويتابع (أحمد زكي صالح) عرضه الظواهر المختلفة للنشاط العقلي في فترة المراهقة، فيشير إشارة خاصة إلى ظهور الفروق الفردية في مرحلة المراهقة بشكل واضح وصريح، وهذه الظاهرة تستدعي من المعلم الذي يدرس الطلاب المراهقين أن يعنى بتوجيه الفروق الفردية عناية كبيرة تفوق عناية المعلم لأي مرحلة سابقة في حياة الطلاب.

ولا شك أن معرفتنا لهذه الخصائص المتعلقة بالنمو العقلي للمراهق يساعدنا في توجيه التدريس بما يحقق مطالب وظروف هذه المرحلة من النمو.

- **خصائص النمو الاجتماعي للطالب المراهق:**

تتميز مرحلة المراهقة ببعض الخصائص التي لها طابعها الاجتماعي، والتي لا تقل أهمية عن الخصائص المتعلقة بالنمو الجسمي والنفسي والفسيولوجي والحركي والعقلي لما لها من آثار عميقة في حياة المراهقين.

ويمكن تلخيص أهم هذه الخصائص الاجتماعية فيما يلي:

1. رغبة الطالب المراهق في الشعور بأنه عضو في جماعة.

2. رغبة المراهق في الشعور بكيانه وذاتيته وما يترتب على ذلك من رغبة في إثبات وجوده في حياته العائلية وداخل حجرة الدراسة وفي المدرسة وخارجها.

3. اهتمام المراهق بالجنس الآخر، وما يترتب على ذلك حرصه على الظهور بالمظهر اللائق حتى يلفت الأنظار إليه.

4. تقبل المراهق سلوك الكبار وقيمهم، ورغبته في تقليد من يتخذهم مثلا أعلى له.

5. زيادة اهتمام المراهق ببعض القيم الروحية كالأمور المتعلقة بالدين.

6. زيادة فهم المراهق لنفسه في إطار المجتمع الذي يعيش فيه.

ولهذه الخصائص الاجتماعية الهامة والتي تصاحب نمو الطالب في مرحلة التعليم الأساسي العليا ومرحلة التعليم الثانوي متطلباتها والتي لا تستطيع التربية ولا المعلم من إغفالها أو إنكارها والتي تتطلب دراية وحكمة في استغلالها لتوجيه الطالب الوجهة الصحيحة.

- مطالب النمو في مرحلة المراهقة:

إن التربية تسعى إلى مساعدة الطالب (المتعلم) على سد احتياجاته، وتحقيق متطلباته الجسمية والعقلية والاجتماعية

والخُلقية، تلك الاحتياجات التي لا تتعارض مع فلسفة المجتمع وغاياته وأهدافه.

ومن المفاهيم المفيدة في هذا المجال ما أطلق عليه العالم التربوي (هافجهيرست) (Robert Havighurst)، اسم المطالب أو الاحتياجات اللازمة لاستمرار النمو (Development Tasks)، ففي كل مرحلة من مراحل النمو تظهر للفرد احتياجات لاكتساب معارف ومهارات وانجازات وتكوين اتجاهات وقيم، وهذه الاحتياجات تجابه جميع أفراد مرحلة نمو معينة يعيشون في مجتمع معين أو طبقة معينة، حيث يؤدي النجاح في إشباعها إلى سعادة ورضا الفرد وإلى مزيد من احتمال النجاح في تحقيق إشباع مستويات أعلى منها في مراحل أكثر تقدما في حين يؤدي الفشل إلى عدم الشعور بالسعادة أو الرضا وإلى زيادة احتمالات الفشل في مراحل النمو التالية.

ويعتبر العالم(هافجهيرست) أن خير طريق لتحقيق النجاح في إشباع هذه الحاجات، هو الموازنة بين حاجات الفرد ومطالب المجتمع، أي أن خير طريق هو ذلك الذي يأخذ حاجات الفرد في الاعتبار، كما لا يغفل أثر المجتمع وما له من مطالب، لأن احتياجات استمرار النمو هي حصيلة عدة عوامل. ويقول (هافجهيرست) في ذلك إن:

(احتياجات استمرار النمو يمكن أن تنشأ من النمو الجسمي، أو من ضغط العوامل الثقافية(في المجتمع)على الفرد، أو من رغبات وتطلعات وقيم الشخصية التي تنشأ، وتتكون من خلال هذا الإطار، وتنشأ(الاحتياجات)في معظم الحالات نتيجة تأثير مجموعة من هذه العوامل تعمل معا).

49

وقد قدم (هافجهيرست) قائمة بمطالب النمو في مراحل النمو المختلفة، يهمنا هنا أن نتعرض إلى ما يتعلق بمرحلة المراهقة :

1. تقبل الشخص لجسمه وصفاته الجسمية، واتخاذ الدور الذي يفرضه عليه الجنس الذي ينتمي إليه ذكر أم أنثى، كما يتوقعه المجتمع.

2. تكوينه لعلاقات ناجحة مع أقرانه من الجنسين، وقدرته على العمل معهم نحو هدف مشترك، والقدرة على القيادة دون سيطرة.

3. التوصل إلى استقلال عاطفي عن الأبوين وغيرهما من البالغين مع الاحتفاظ بالاحترام والاعتزاز لهم.

4. السير في طريق الاستقلال الاقتصادي.

5. اتخاذ الخطوات لاختيار مهنة تتناسب مع استعداداته، والسير في طريق الإعداد للدخول في هذه المهنة والاشتغال بها.

6. كسب المهارات العقلية، والمفاهيم المساعدة على تحمل المسؤوليات المدنية بنجاح، مثل المعلومات الوظيفية والأفكار التي تلاءم العصر الحديث عن القانون والحكومة والاقتصاد والسياسة والجغرافية والمؤسسات الاجتماعية.

7. ممارسة السلوك الاجتماعي الذي يتسم بالمسؤولية

8. تكوين الاتجاهات الايجابية نحو الزواج والحياة الأسرية، يضاف إليها بالنسبة للبنات إلى اكتساب معلومات عن إدارة البيت وتنشئة الأطفال.

9. تكوين قيم ومثل تتلاءم مع العصر الذي نعيش فيه.

كما يقدم التربوي الدكتور أحمد زكي صالح مفهومه الخاص لمطالب النمو كما يلي:

"الطفل في نموه - في مظاهره المختلفة - يخضع لمجموعة معينة من، هذه الحاجات التي ينزع إلى إشباعها، وتسيطر على سلوكه، هي ما تسمى بمطالب النمو" كما يعتبر أن "مطلب النمو مفهوم ذو محتوى متغير تبعا لأمرين على جانب كبير من الأهمية":

- الأمر الأول: هو الإطار الاجتماعي الذي يوجد فيه الفرد، وهذا الإطار يحدده الإطار الثقافي للمجتمع وما يتضمنه من عوامل اقتصادية واجتماعية وأسس علاقات الأفراد ببعضهم.

- الأمر الثاني: هو المظهر النمائي الخاص لعملية النمو نفسها" وهو يناقش مطالب النمو على ضوء أن لكل إطار من أطر النمو مظاهرة ومطالبه الخاصة به.

وفي حديثه عن المراهق يحدد العالم التربوي الدكتور أحمد زكي مطالب نمو المراهق كما يلي:

أولا: مطالب النمو الجسمي :

1- تنوع النشاط البدني.

2- العناية الصحية بالفرد والمجموع.

ثانيا: مطالب النمو العقلي:

1- اكتساب المفاهيم الاجتماعية والاقتصادية والسياسية والعلمية اللازمة للتوافق مع مجتمع القرن الحالي (العصر الحالي).

2- تنوع مادة الدراسة وطرقها حتى تتفق مع الفروق الموجودة بـين الأفـراد حيـث القـدرة على التعلم.

3- الفرص التعليمية المتمايزة.

ثالثا: مطالب النمو الاجتماعي

1- الإعداد للزواج والحياة الأسرية.

2- إعداد المراهقة والمراهق لقبول دورها في المجتمع.

3- التربية الجنسية.

وقد أسفرت البحوث والدراسات الأمريكية المتعلقة بالحاجات الضـرورية للشباب إلى مجموعـة من هذه الحاجات نوردها هنا مع اختلاف الظروف التي ينشأ فيها شبابنا عن شباب البلـدان الأخـرى إلا أننا نرى أن هناك قدرا من الصفات التي يمكن أن يشترك فيها طلاب المرحلة الواحدة، وخاصة فيما يتعلق بالنمو الجسمي والفسيولوجي والحركي، لذلك فإننا نذكرها بقصد إلقاء الضوء على بعض الجوانـب التـي تساعدنا في فهم حاجات شبابنا من أجل التعامل معها بانفتاح وايجابية.

وهذه الحاجات هي:

1. يحتاج جميع الشباب إلى تنمية المهارات والمفاهيم والاتجاهات التي تجعل العامـل أكـثر قدرة على الإنتاج في الحياة الاقتصادية، لذا فإن الشباب بحاجة إلى التعرف على فرص العمل، كما أنهم بحاجة إلى تربية تزودهم بالمهارات والمفاهيم المتعلقة بـالمهن التـي يختارونها.

2. يحتاج كل شاب إلى أن ينمو ويحافظ على صحته ولياقته البدنية.

3. يحتاج جميع الشباب إلى فهم ما لهم من حقوق وما عليهم مـن واجبـات بحيـث يكونـوا قادرين على تأدية ما يطلب منهم من أعمال بمهارة وكفاية تجعلهم مـواطنين صـالحين في مجتمعهم وفي أمتهم.

4. يحتاج جميع الشباب إلى فهم أهمية ودلالة الـدور الـذي تلعبـه الأسرة في حيـاة كـل مـن الفرد والمجتمع، كما أنهم في حاجة إلى معرفة الظروف اللازمـة لتحقيـق حيـاة عائليـة ناجحة.

5. يحتاج جميع الشباب إلى معرفة كيف يشترون ويستهلكون البضائع بطريقة ذكيـة، أي أن يكونوا فاهمين ومقدرين القيمـة التـي سيحصـلون عليهـا كمستهلكين للبضائع، وفي الوقت نفسه مقدرين للآثار الاقتصادية والمالية التي ستترتب على أعمالهم.

6. يحتاج جميع الشباب إلى فهم طرق العلـم، وأثره في حيـاة الإنسـان، والحقـائق العلميـة الأساسية التي تتعلق بطبيعة الكون والإنسان.

7. يحتاج جميـع الشباب إلى أن تتـاح لهـم الفـرص المناسبة لتنميـة قـدراتهم الرياضـية والجسمية ومواهبهم في تذوق جمال الآداب والفن والموسيقى والرسم والكون.

8. يحتاج جميع الشباب إلى معرفة كيف يقضون أوقات فراغهم بطريقة مثمرة وفعّالة وسليمة، بحيث تنسجم أوجه النشاط الفردية التي يقومون بها مع أوجه النشاط المفيدة اجتماعيا.

9. يحتاج جميع الشباب إلى التزود بالمعارف التي تساعدهم على احترام الآخرين، وعلى تنمية بصيرتهم بالقيم والقواعد الخُلقية التي تمكنهم من أن يعيشوا ويعملوا متعاونين مع الآخرين.

10. يحتاج جميع الشباب إلى تنمية قدراتهم على التفكير المنطقي السليم، لكي يصبحوا قادرين على التعبير عن أفكارهم بوضوح، وعلى أن يحسنوا فهم ما يقرؤون وما يسمعون.

☒ ملاحظات منتمية للمعلم حول مراحل وعمليات النمو:

مما سبق نستنتج ما يلي:

1. إن إعطاء الطفل فرصا للتفاعل مع بيئته وتوجيهه بشكل سليم يسارع في تطور القدرة العقلية لديه.

2. لا بد للأطفال من ممارسة الأنشطة المناسبة حتى يتعلموا، كما يجب أن نعّلم الطفل ما يناسب عقله وعمره ومرحلة نموه.

3. على المعلم أن لا ينخدع بحفظ الطالب للعبارات المكتوبة، فالحفظ لا يعني أن الطالب قد استوعب أو فهم المطلوب.

4. على المعلم أن ينزل إلى العمليات الحسّية أثناء الشرح والتدريس، فكثير من الطلاب حتى من هم في سن العشرين لا يستطيعون التفكير بشكل منطقي، أو بشكل مجرد، أي يجب أن نحاول استخدام الوسائل والتجارب والأنشطة الحسّية والملموسة في كافة المراحل، وليس فقط في مراحل التعليم الدنيا، وأن نتذكر دائما بأن هناك فروقا فردية بين الطلاب يجب الانتباه إليها ومراعاتها في كافة المراحل.

5. لنجاح عملية التعليم لا بد من توفر الظروف الداخلية والخارجية.

فالظروف الداخلية، هي الشروط الواجب توافرها في المتعلم (الطالب) مثل مقدرات الطالب نفسه من حيث سنه ومدى استعداده للتعلم، وخلفيته في موضوع التعلم.

أما الظروف الخارجية، فهي شروط خارج المتعلم (الطالب)، كأن تكون شروط في الموقف التعليمي.

ونتيجة لمراحل عملية النمو عند الأطفال وخصائصها المختلفة فقد قام العالم (جانييه) بترتيب أنواع التعليم في نسق هرمي يتكون من ثمانية أنماط أساسية، بحيث يتدرج من أبسط أنواع التعلم وهو الإشارات إلى أكثر أنواع التعلم تعقيدا وهو تعلم حل المشكلات.

أما هذه الأنماط الثمانية فهي:

1. تعلم الإشارات
2. تعلم الترابطات بين المثيرات والاستجابات.
3. تعلم تسلسلات حركية ارتباطيه.
4. تعلم الترابطات اللفظية.
5. تعلم التمايزات.
6. تعلم المفاهيم.
7. تعلم القواعد والمبادئ.
8. تعلم حل المشكلات.

"هرم جانييه لأنواع التعلم"

ففي تعلم التمايزات يتعلم الطفل أن يستجيب استجابات مختلفة لمثيرات مختلفة، كما يتعلم التمايز بين الأشكال والألوان والأحرف والأرقام والأسماء وغيرها.

أما في تعلم المفاهيم فيصبح بمقدور الطفل الاستجابة لمجموعة مواقف وكأنها صنف واحد من الأشياء، والمفاهيم منها المادية ومنها المجردة، فالمادية يتعلمها من خلال المشاهدة والملاحظة الحسّية، كالمستطيل والمربع والمكعب والمثلث، ومثل الباب والشباك والسبورة والسيارة والمدرسة.... إلخ. أما المفاهيم المجردة فيتم تعلمها باستعمال اللغة في تعريف هذه المفاهيم، وهي تعتمد على مفاهيم سابقة لها، ومن هذه المفاهيم المجردة، الأعداد النسبية والجذور والأعداد الحقيقية.

أما تعلم المبدأ أو القاعدة، فيعتمد على تعلم المفاهيم التي تكون منها المبدأ، فالمبدأ هو علاقة ثابتة بين مفهومين أو أكثر، وتعلم المبادئ والقواعد وإتقانها يسهم كثيرا في استعمالها لحل المشكلات وفي تنسيق المبادئ، والقواعد التي تعلمها الفرد لبلوغ هدف معين.

وإن حل المشكلات بهذه الطريقة يؤدي إلى عملية تنتج تعليما جديدا، لأن الفرد عندما تواجهه مشكلة فإنه يستدعي جمع المبادئ والقواعد والقوانين التي تعلمها سابقا للوصول إلى حل هذه المشكلة، وهنا يقوم الفرد بعمليات تفكيرية لربط هذه القوانين والقواعد بشكل يلاءم الموقف الذي هو فيه لحل مشكلته، ثم يقوم بتعميم هذا الحل مستفيدا منه في حل المشكلات المشابهة الأخرى.

"نظرية برونز"

يعتبر العالم (برونز) أن الغاية القصوى للتعلم، هي زيادة مستوى الفهم العام للبنية العامة للموضوع الدراسي، فعندما يفهم الطالب البنية العامة للموضوع، يرى الموضوع سهلا متكاملا مترابطا، وهذا يؤدي إلى ارتباط أشياء أخرى مع البنية بحيث يبرز معناها فتتكون الصور العقلية الكلية للموضوع، لذا ينصح المعلم بتحسين الظروف التي تمكن الطالب من إدراك التركيب العام للموضوع لأن ذلك يؤدي إلى زيادة زمن الاحتفاظ بالمعلومات لدى الطالب، فقد ينسى الطالب التفاصيل الدقيقة أو الصغيرة، لكن البنية العامة للموضوع تبقى عالقة في ذهنه فلا ينساها.

وقد بنى العالم (برونز) نظريته على قواعد أربع هي:

1. الحفز 2. البُنية   3. التتابع 4. التعزيز

1- الحفز:

وتتعرض هذه القاعدة إلى ضرورة خلق الدوافع والظروف المناسبة والملائمة لحث وحفز الطالب على التعلم، فكل طالب لديه القدرة والملكة الكافية للتعلم، وهذه الملكة بحاجة إلى استثارة وتعزيز، خاصة المكافأة ضروري لبدء النشاط وتكراره، ولكن يبقى تأثير التعزيز الداخلي أقوى وأثبت، لأن التعزيز الخارجي مؤقت، لذا على المعلم ضرورة التركيز على الدوافع الداخلية في إبراز ملكة التعلم لدى الطالب وتنشيطها وإعطائها صفة الاستمرار.

ويقول برونز أن حب الاستطلاع قد ولد مع الإنسان وهو متغلغل في بنيته البيولوجية، لذا فهو ضروري لبقاء الجنس البشري،

والطفل شديد الحب للاستطلاع، فتراه لا يستقر على نشاط واحد، ويتحول إلى غيره، وهذا يؤدي إلى تقلب مماثل في تتابع الأفكار والخبرات، فسرعان ما يفكك الطفل لعبته ليتعرف إلى مكوناتها، كما أن لديه الدوافع لإبراز كفايته وخبرته وقدرته، فهو يهتم بالأشياء والأفعال التي يتقنها أكثر من زملائه، ونراه يبتعد عن النشاط الذي لا يقدر عليه.

وهنا يأتي دور المعلم في اختيار الأنشطة والأعمال التي تناسب كفايات وقدرات طلابه وتتوافق مع قدراتهم العقلية والنمائية ويستغلها للوصول إلى أهدافه التعليمية والنتاجات التي يسعى إلى تحقيقها.

كما نلاحظ حاجة الطفل للتعامل مع الآخرين وتعززها الدوافع الداخلية لدى الطفل، لذا على المعلم الاستفادة من هذه الحاجة لدى الطفل واستغلالها بشكل صحيح لإيصال المفاهيم والمعلومات إلى الطالب من خلال الأساليب المتاحة مثل التعلم باللعب الجماعي والعمل الزمري، وتسهيل اكتشاف البدائل لدى طلابه والتعلم بطريقة الاستقصاء أو الاكتشاف.

وتمر عملية البدائل في ثلاث مراحل هي:

أ- التنشيط: لا بد للطلاب من ممارسة حد أدنى من الشك والتوتر، بحيث لا تكون المسألة سهلة جدا لا يبذل الطالب فيها الجهد والتفكير، ولا صعبة جدا تؤدي إلى قنوط الطلاب منها وبإهمالها وتركها دون حل، لذا على المعلم أن يعمد إلى اختيار المسائل المناسبة لتكون في مستوى قدرات الطلاب حتى تثير فيهم التفكير وحب الاستطلاع وتنشط لديهم عملية

الاستكشاف، وحب الاستطلاع هذا لا يمكن إشباعه إلا بالحصول على الجواب الصحيح، مع ضرورة أن ينتبه المعلم إلى الفروق الفردية بين طلابه ويراعي هذه الفروق عند وضع الأسئلة لتناسب جميع مستويات طلابه.

ب- الأمن: بعد تنشيط عملية الاستكشاف لدى الطالب، لا بد أن يشعر الطالب أن هذه العملية لا مخاطر فيها ولا ضرر ولا ألم آتي ولا لاحق، ووجود المعلم حول الطالب في جميع مراحل التعلم موجها ومرشدا ومتعاونا يعزز ثقة الطالب بنفسه ويشعره بالأمن والآمان والاطمئنان.

ت- الإرشاد: يجب أن يكون الإرشاد هادفا لمعرفة الهدف من عملية الاستكشاف، وعلى المعلم والطالب إدراك الصلة الوثيقة بين عملية الاستكشاف والهدف، وهنا يجب أن يكون دور المعلم كمرشد للطلاب من خلال تقديم التغذية الراجعة للطلاب وأن يخبرهم بابتعادهم أو قربهم من تحقيق الهدف وإرشادهم إلى الخطوات الصحيحة لتحقيق هدفهم.

2- البُنية:

يقول العالم (برونز) أن أي مسألة أو معرفة يمكن تبسيطها لدرجة تتناسب مع مستوى قدرات المتعلم في فهمها، وهذا يتطلب فقط حسن تنظيم المعرفة، ويقول برونز كذلك، أن البنية المعرفية لأية معرفة يمكن صياغتها وعرضها بإحدى ثلاث طرق هي:

أ- العرض بطريقة الأداء- العمل والحركة: فالأطفال في المراحل الأولى يفهمون الأشياء بدلالة عملها، فالملعقة- نأكل بها،

والكرسي ـ نجلس عليه، والقلم ـ نكتب به، والنظارة ـ نرى بها،.... لذا ففي هذه المرحلة يجب أن تتفاعل الخبرة مع جسم الطفل ومع حواسه، فالمهم هو العمل وليس الكلمات.

ب- التمثيل: وفي سن أكبر يبدأ الطفل التفكير بطريقة أخرى، حيث تصبح الأجسام عندهم مدركات يمكن فصلها عن عملها، حيث يرسم الطفل ملعقة، أو رافعة، أو كرسيا دون ذكر عملية الأكل أو لعبة السيسو أو عملية الجلوس، فهو يكّون صورة عقلية للشيء منفصلا عن عمله. وفي هذه المرحلة يتوجب على المعلم استخدام الرسومات والصور والمجسمات والأشكال المختلفة المنتمية لموضوع الدرس.

ت- العرض بالرموز: في هذه المرحلة يستطيع الطالب أن يترجم المعلومات والمفاهيم إلى لغة منطوقة أو إلى كلمات أو إلى رموز، فيشرح عمل الميزان بالكلمات بدل الصور، ويكتب قانونا رياضيا بالرموز، وهذا العرض الرمزي يتيح للطالب فرص التفكير المترابط ويساعده في التدرج المنطقي، ويمكّنه من تشكيل الخبرات والمعارف المجردة وعرضها بوضوح، حيث يمكن استخدامها كنماذج كاشفة في التعليم وخاصة في أسلوب الاستكشاف وحل المشكلات، أما أي الطرق يختار المعلم في هذه المرحلة فيتوقف هذا على عمر المتعلم والمرحلة العمرية التي يعيشها وخبراته السابقة وطبيعة المادة الدراسية، فالمهارات الحركية يتعلمها الطالب بطريقة الأداء وأعضاء الجسم بطريقة الرسم والأشكال، والمجسمات بطريقة التمثيل والقوانين الرياضية والفيزيائية بالطريقة الرمزية.

3- التتابع:

إن مدى صعوبة المادة الدراسية أو تبسيطها يعتمد على التتابع الذي عرضت به المادة الدراسية للطلاب، والتعلم يتطلب من المعلم قيادة الطالب خلال تعاقب معين ليمر بالمراحل المختلفة للموضوع الدراسي، والحيلولة دون حدوث فجوة تؤدي إلى بتر الموضوع وعدم تتابعه أو ترابطه، ويمر النمو العقلي في تطور معين(عملي، تمثيلي، رمزي)، لذا يجب أن ينسجم العرض والمادة الدراسية مع هذا التطور والتتابع، أي أن المعلم يجب أن يبدأ رسالته مخاطبا عضلات الطفل وحواسه أولا ـ بدون كلمات. ثم يعرض أفلاما وصورا وبطاقات ونماذج ورسوما.... ثم أخيرا يلجأ إلى استخدام الكلمات والرموز. لذا فإن التتابع مهم جدا أثناء عملية الاستكشاف، ولكن على المعلم أن يأخذ بعين الاعتبار أن يكون لدى الطالب الحد الأدنى من التوتر المناسب لينشط بذلك عمليات الحل ويحّفز الطالب على المضي قدما في البحث عن الحل للوصول إلى الهدف المطلوب دون ملل أو إحباط.

4- التعزيز:

يؤكد (برونز) أن التعزيز ضروري جدا لإيجاد حل المشكلة قيد الدرس، وأن أفضل تعزيز هو ما يصدر عن الطالب نفسه مثل تحقيق الهدف أو الرضا بالفوز والنجاح، فعندما يصل الطالب إلى الحل الصحيح فإن ذلك يدخل السعادة والرضا إلى نفسه ويشبع طموحه.

أما وقت التعزيز فهو مهم جدا، حيث يجب إخبار الطالب نتيجة عمله في حينها. فإذا أخبر الطالب مسبقا بالنتيجة (كأن يساعد المعلم الطالب في إكمال الحل) فإن الطالب يفقد متعة الاستكشاف، أما إذا أُخبر في وقت متأخر، فربما يكون الطالب قد اكتسب معلومات

خاطئة مما يشكك في قيمة الاكتشاف، لذا يجب أن ينسجم التعزيز مع الطريقة والمرحلة والتوقيت وأن يكون مقبولا من المتعلم.

ودور المعلم في هذه المرحلة هو توقيت التعزيز واختيار الوقت المناسب ونوع التعزيز المناسب، وتطوير نهج التقويم الذاتي عند المتعلم، وإتاحة الفرص للمتعلم(الطالب) ليتمتع ويسعد بنجاحه.

كما على المعلم أن يدرك أن أسلوب الاستكشاف ليس هو الأسلوب أو الطريقة الوحيدة المتاحة للتعلم، وأن ليس كل شيء يجب أن يتعلمه الطالب بطريقة الاستكشاف، وذلك لأن الطالب لا يمكنه أن يكتشف جميع المعارف والخبرات بادئا من الصفر، ولكن أي تطبيق على معرفة أو قانون موجود يمكن أي يتم بطريقة الاستكشاف، وقد يستخدم المعلم أسلوب الاستكشاف الموجود والذي يتم بإشراف المعلم على نشاط الطالب وتوجيهه بشكل محدود، أو أسلوب الاستكشاف الحر، وهو عدم تدخل المعلم في نشاط الطالب، وترك الطالب يعمل بحرية دون توجيه أو إشراف من المعلم.

☒ توجيهات وإرشادات عامة في تدريس الرياضيات

لا شك أن التغيرات التي طرأت على مناهج تدريس الرياضيات في الفترة الأخيرة قد أحدثت تغيرات كثيرة في مهام ووظائف معلم الرياضيات في العصر الحالي، ومن الواضح أن المناهج تؤثر كثيرا على دور المعلم من حيث أهدافه والطرائق والوسائل والاستراتيجيات المستخدمة وعملية التعليم والتعلم واستراتيجيات وأدوات التقويم، كما أن المعلم الناجح يستطيع أن يطّور من المنهاج الذي يستخدمه بحيث

يجعله قادرا على تحقيق الأهداف والنتاجات التربوية المطلوبة بفاعلية ونجاح، مما يدل على أن دور معلم الرياضيات في تدريس الرياضيات غاية في الأهمية.

لذا يجدر بمُعَلّم الرياضيات وخاصة في المرحلة الأساسية أن يراعي أمورا كثيرة أهمها:

1. أن يركز المعلم في تدريس الرياضيات على الأمثلة الحسّية والنشاط العملي، وأن يلجأ المعلم في المراحل الأولى إلى الوسائل المحسوسة ويتخذها عونا له حتى يدرك الطفل الأشياء ويفهم مدلول الأعداد والتي يتولد بعضها من بعض، وأن يتدرج في ذلك بكل صبر وأناة حتى يصل بالطفل إلى مرحلة التجريد.

2. أن يلجأ المعلم إلى استعمال الوسائل المعينة من الأشياء المألوفة للطالب ومن بيئته الخاصة كالأقلام والمساطر والأزرار والخرز والحبوب، والصور والرسومات من الحيوانات والنباتات والفواكه المألوفة لديه ومن بيئته بحيث لا تكون هذه الرسومات والصور غريبة عنه، وهذه الوسائل التي يمكن للمعلم استخدامها في فهم الأعداد قبل كتابتها وقراءتها، كما يستعمل لهذا الغرض الرسوم الإيضاحية الهندسية من دوائر ومستقيمات ومثلثات ليدرك الطالب كيف تتكون الأعداد بطريقة سهلة، مع ضرورة إشراك الطلاب في صنع هذه الوسائل.

3. أن ينوع المعلم في دروس الرياضيات بحيث تشمل التمرينات العملية والشفوية والكتابية.

4. يجب أن تقرن الأعداد بمميزات لها عند تعلمها للطلاب خصوصا في المرحلة الابتدائية الـدنيا، فنقول: أربعة أولاد، عشرة قروش، خمسة أقلام....، لأن العـدد المجـرد لا يعنـي شـيئا بالنسـبة للطفل في هذه المرحلة.

5. ضرورة العناية بالحساب العقلي عناية تامة، فهو خـير مـا يسـاعد الطالـب عـلى اكتسـاب وامتلاك المهارة وحل التمرينات والمسائل الحسابية الكتابية، لذا عـلى المعلـم أن يلجـأ إلى مراجعة الوحدات والمواضيع السابقة وربطها بالمواضيع الحاليـة(قيـد الـدروس) ولتمهيـد السبيل للوحدات والموضوعات الجديدة اللاحقة.

6. ينبغي على المعلم أن يلجأ أحيانا إلى إجراء عمليات آلية بقصـد تـدريب وتعويـد الطـلاب على السرعة والدقة، فيثير روح الحماسة والمنافسة بين الطلاب من خلال تقسـيم الطـلاب إلى مجموعات وتسجيل الوقت الذي تستغرقه كل مجموعة في كل تدريب أو تمرين.

7. أن يراعي المعلم المسائل التي يعطيها لطلابه بأن تكـون ألفاظهـا سـهلة، بحيـث يسـتطيع الطالب قراءتها وفهمها وإدراك معناهـا بسـهولة، وأن يُعـود الطـلاب عـلى فهـم المسـائل واستيعاب معانيها وفهم معطياتها والمطلوب منها قبل الشروع في تدوين خطوات الحـل، كأن يطلب من بعض الطلاب قراءة السؤال بصوت واضح ومفهوم، وآخر بصياغة السـؤال بلغته الخاصة، وطالب آخر بذكر معطيات السؤال، وآخر بذكر المطلوب مـن السـؤال...... وهكذا.

8. يراعي أن تكون القيم التي تتضمنها المسائل والتمارين الرياضية معقولة وقريبة من الواقع، وأن تكون المسائل مشتقه من البيئة التي يعيشها الطالب (زراعية، صناعية، تجارية، سياحية....) وأن تكون لها ارتباط بشؤونهم المختلفة، وتراعي المناسبات المحلية مثل الأعياد والمواسم الزراعية والدينية، حتى تثير اهتمامهم وشوقهم على الدوام، وتساعدهم على فهم الحياة المحلية وربط التعليم بالواقع المحسوس والملموس للطالب.

9. على المعلم أن يربط مواضيع تدريس الرياضيات بالمواد والعلوم الأخرى كالهندسة والرسم والعلوم والاجتماعيات والأعمال اليدوية وغيرها في أسلوب ترابطي تكاملي، وعدم تدريس الرياضيات بمعزل عن المواد الأخرى.

10. أن يعمل المعلم جاهدا على مساعدة الطالب ليكتشف العلاقات الموجودة بين العمليات الأربع (الجمع والطرح والضرب والقسمة) وكذلك مساعدته ليكتشف العلاقات الموجودة بين المفاهيم والحقائق الرياضية المختلفة.

11. يلجأ بعض الزملاء المعلمين إلى الإكثار من التدريب خصوصا للطلاب الضعفاء، بهدف مساعدتهم على فهم قاعدة أو مبدأ رياضي معين، إن مثل هذا الإجراء خاطئ، لأن التدريب لا يكون من أجل تعليم أي مبدأ جديد، بل من أجل تثبيت المبدأ أو الحقيقة بعد أن يتم فهمها، وعلى المعلم أن يجري التدريب على فترات، لأن ذلك أنفع وأجدى من التدريب المتواصل.

12. أن يركز المعلم على تعليم فكرة واحدة، أي تحقيق هدف واحد في الوقت الواحد، وأن يعمل على معالجتها من عدة نواحٍ،

وعندما يتأكد المعلم من إتقان طلابه للفكرة، فلا مانع من مقابلتها ومقارنتها بالحقائق والمفاهيم الأولى التي سبق لهم تعلمها.

13. يفضل أن لا يلجأ المعلم إلى تكرار عرض نفس الوسائل في كل حصة، بل عليه أن يعمل على تنويعها حتى يظل عامل التشويق مستمرا وقائما، لأن الوسيلة في هذه الحالة تفقد أهميتها في استثارة اهتمام ودافعية الطلاب.

14. يفضل أن يشجع المعلم طلابه، وأن يتيح لهم المجال على أن يتكلموا عن طريقة الحل التي تدور في أذهانهم، وأن يستمع لهم باهتمام ليرى المعلم كيف يفكر طلابه، وكيف يعالجون المسائل التي يطلب منهم حلها، ولا مانع إذا تابع المعلم كل إجابة بسؤال: كيف؟ ولماذا عملنا هكذا؟ وماذا بعد... ؟؟

15. يجب أن يراعي المعلم عند طرح الأسئلة، أن تكون الأسئلة متنوعة وواضحة يفهمها الطلاب بسهولة، خالية من الألفاظ الغريبة، وتلاءم مستوى طلابه، وعلى المعلم أن يكون صبورا لا يستعجل الإجابة من الطالب، وأن يعطي الطالب الوقت الكافي للتفكير والإجابة ومن المفيد أن يستخدم المعلم الصمت انتظارا لاستجابات الطالب على السؤال.

16. على المعلم الابتعاد نهائيا عن أسلوب النقد الجارح أو التهكم على استجابات الطلاب لأن ذلك يثبط من عزائمهم ويخلق عندهم اتجاهات سلبية نحو تعلم الرياضيات، لذا فعلى المعلم أن يعود نفسه على تقبل استجابات الطلاب مهما كانت، وتعزيز الصحيح

وتعديل الخاطئ بطريقة هادئة تؤدي إلى تشجيع الطالب على التفكير والمثابرة لتلافي الخطأ الذي وقع فيه.

وكثيرا ما نسمع عن قصص واقعية لطلاب تركوا المدرسة في سن مبكرة بسبب أسلوب المعلم التهكمي والجارح والمسيء لمشاعر وأحاسيس الطلاب، لذا على المعلم أن يكون أبا رحيما لطلابه وليس جلادا قاسيا.

كما اتفق العديد من المربين وأصحاب الخبرة والتجربة على العديد من الآراء والمبادئ العامة والتي تتعلق بالممارسات الصفية والتي قد تؤدي إلى تعلم أفضل وتزيد من مستوى التحصيل لدى الطلاب وهي:

1. مراعاة الفروق الفردية:

لا شك أنه لا يمكن أن يتشابه اثنان من البشر تشابها تاما حتى في حالة التوائم المتشابهة من حيث الشكل، لأنه من النادر أن يكون هناك تشابها في الشخصية والتفكير والذكاء، وذلك بسبب تأثر الإنسان بعاملين رئيسيين هما العامل الوراثي والعامل البيئي، لذا أصبحت الفروق الفردية حقيقة تربوية يؤمن بها كل مربٍ ويعمل على مراعاتها، فالطلاب يتفاوتون في سرعة تفكيرهم وفي إنجاز عملهم، كما يتفاوتون في ميولهم وفي قدراتهم.

لذا يتطلب من المعلم العمل على إتاحة الفرص الكافية لجميع الطلاب الضعفاء والموهوبين والوسط للمشاركة والعمل كل حسب قدراته وإمكاناته، كما يتطلب من المعلم استخدام أساليب ووسائل متنوعة في التعلم تلبي حاجات الطلاب الفردية المختلفة من طلاب ضعاف في التحصيل إلى الطلاب الوسط، وكذلك مراعاة حاجات الطلاب الأذكياء والموهوبين، كأن يستخدم المعلم الأسلوب الفردي في

التعلم من خلال تكليف الطلاب بأعمال وأنشطة كلٌ حسب إمكاناته وقدراته وطاقاته كما يمكن للمعلم أن يلجأ إلى تقسيم الطلاب إلى مجموعات صغيرة يعمل فيها أفراد المجموعة معا ويتعاونون فيما بينهم لإنجاز العمل المطلوب منهم فيتعلمون من بعضهم البعض، لذا على المعلم أن يدرس إمكانات وقدرات وطاقات طلابه وأن يختار من الأساليب والطرائق ما يناسبهم ويحقق ذاتهم حتى يتمكن من مساعدتهم لتحقيق أهدافه المطلوبة.

2. التدرج في التعليم:

على معلم الرياضيات أن يدرك أن تعلم أي موضوع رياضي جديد يمر في أربعة أطوار يجب مراعاتها وهي:

أ- الفهم الأولي: والمقصود بذلك أن يقوم المعلم بتوضيح المفهوم الجديد أو العلاقة أو المهارة من خلال عرض الأمثلة الحسّية والملموسة والأنشطة العملية بشكل يثير تفكير الطالب ويساعده على اكتشاف جوانب المفهوم أو العلاقة أو المهارة وفهمها فهما أوليا.

ب- تعميق الفهم: بعد أن يتأكد المعلم من تحقيق الفهم الأولي للمفاهيم والعلاقات، يوجه المعلم نشاط الطلاب إلى دراسة أمثلة منوعة وحل أسئلة عديدة وتمارين مختلفة لاكتشاف دور المفاهيم والعلاقات وأهميتها في الرياضيات، وعلاقتها الهامة بحقول المعرفة الأخرى، وتكون هذه المرحلة فترة عمل ذاتي للطلاب، تتاح لهم فرص العمل والتفكير المستقلين حتى تصبح الأفكار الجديدة مألوفة لديهم وجزءا من خلفيتهم الرياضية.

ت- التطبيق وانتقال أثر التعليم: ينتقل الطالب في هذه المرحلة إلى تكوين أنماط رياضية يمكنه الاستفادة منها وتطبيقها في مواقف أخرى تحت إشراف وتوجيه المعلم. وانتقال أثر التعليم يعني أن أداء مهمة ما أو الخبرة أو المهارة التي اكتسبها الطالب في موقف معين يجب أن تؤثر على أداء مهمة لاحقة، أو إلى تعلم خبرة جديدة، أي أن التعلم في موقف سابق يجب أن يؤثر في موقف جديد آخر.

ث- استقرار المفاهيم والعلاقات (دوام أثر التعلم): إن كل موضوع يتعلمه الطالب يكون قابلا للنسيان، إلا أن طول دوام فترة الموضوع في ذهن الطالب تعتمد على ظروف التعلم، فإذا كان المعلم يركز على الفهم، ويستخدم أسلوب التدريب المناسب والمستمر، ويقوم بتدريس الموضوع بشكل مترابط ومتكامل مع المواضيع الأخرى، ومع تقديم تلخيصات مناسبة للموضوع، فان ذلك يساعد في الاحتفاظ بأساسيات المواضيع والمفاهيم لفترة أطول، ومن الأمور التي تساعد على الاحتفاظ بالموضوع لفترة أطول في ذهن الطالب، هو دراسته الموضوع من عدة وجوه وربطه بشكل منطقي ومناسب مع المواد الدراسية الأخرى، أي التدريس من خلال أسلوب (المفاهيم)، وهذا يستدعي من إدارة المدرسة وضع خطة إستراتيجية يتعاون فيها المعلمون على اختلاف تخصصاتهم في المدرسة لإنجاح هذا الأسلوب الترابطي التكاملي في تدريس مختلف المواد الدراسية.

3. **التعلم بالعمل:**

بما أن عملية التعلم عملية فردية وذاتية يتم حصولها داخل الفرد وتنعكس على سلوكه وتصرفاته واتجاهاته، لذا تصبح المهمة الأساسية للمعلم في اختيار الطرق والأساليب الفاعلة والتي يتعلم بها الطلاب الرياضيات بشكل محبب وممتع، وذلك بتنظيم تعلمهم وتوجيه نشاطهم بطريقة تساعد على حصول التعلم المطلوب، لذا فالطلاب يتعلمون بطريقة أفضل عن طريق المشاركة الفعّالة في الأنشطة التي تتيح لهم فرص تطبيق ما تعلموه عمليا وميدانيا.

4. **التتابع في التعلم:**

تشكل المعرفة الرياضية هرما متكاملا تكون المفاهيم فيه اللبنات الأساسية، وكل واحدة من هذه اللبنات مبنية ومعتمدة على سابقتها، لذا يصعب تعلم مفهوم جديد دون التمكن من المفاهيم السابقة ذات العلاقة، ويصبح من الضروري تحديد هذه المفاهيم وتوضيحها قبل البناء عليها. لذا يصبح من الواجب على المعلم دراسة هذه المفاهيم مسبقا لتحديد المفاهيم والمعلومات الأساسية التي يجب توفرها لدى الطالب قبل تدريس المفهوم الجديد، أي التأكد من التعلم القبلي المطلوب والمنتمي، وإجراء مراجعات قصيرة لجميع المواضيع التي تعتبر أساسية بالنسبة للمفهوم الجديد الذي يراد تدريسه والتأكد من امتلاك الطلاب لهذه الأساسيات حتى يكون تدريس المفهوم الجديد فاعلا ويصل إلى الطلاب بطريقة سهلة وسلسة وطبيعية.

5. التدريب:

يجمع المربون على أهمية التدريب في عملية التعلم وخاصة في اكتساب المهارات، كونها وسيلة هامة وأساسية لحفظ المادة المتعلمة من قبل الطالب وتثبيتها، ولا بد لكل متعلم من قدر معين من التدريب إذا أراد اكتساب مهارة ما، مع اختلاف نوع التدريب وكميته وفترات إعطائه من طالب إلى آخر وذلك لوجود الفروق الفردية بين الطلاب. وعلى المعلم أن يدرك أن كل تدريب يجب أن يبنى على الفهم أولا وأن عليه توزيع التدريب على فترات متتابعة، لأن إعطائه دفعة واحدة يولد الملل والتعب لدى الطالب وخاصة في بداية تكوين المهارة.

6. التدعيم والتحفيز والتشجيع:

لا شك بأن النقد المتواصل والإهمال المقصود للمتعلم وعدم تشجيعه، عوامل تضعف من عزيمة الطالب وتقلل من ثقته بنفسه، بل قد تقضي على طموحه وتشعره بالعجز والتخلف، بينما التشجيع المتواصل واستثارة الدافعية والتعزيز المستمر للطالب هي من العوامل الأساسية التي تحفز الطالب وتدفعه على استعادة ثقته بنفسه وبالتالي إلى الاستمرار في التعلم وتدفعه إلى الأمام، بالإضافة إلى أن ذلك ينمي لدى الطالب اتجاهات إيجابية نحو الرياضيات وتعلمها وتقنعه أن هناك لا صعب ولا مستحيل أمام الإدارة والتصميم.

7. الاكتشاف:

يعتبر التعلم بالاكتشاف من أهم وأفضل طرق التعلم، حيث يستدرج الطالب وتتاح له فرص المشاركة بالأنشطة الفعّالة لتعلم الحقائق والمفاهيم والتعليمات. ومن خلال الاكتشاف الموجه الذي يمارس فيه

المعلم دور الموجّه والمرشد لأنشطة الطلاب، ينقلهم من فكرة إلى أخرى مما يشعرهم أنهم أنفسهم قد توصلوا إلى هذه النتائج، مما يساعد الطالب على الفهم وعلى الاحتفاظ بالمعلومات لمدة أطول مما يؤدي إلى زيادة ثقة الطالب بنفسه فيقبل على التعلم. لكن التعلم بالاكتشاف يحتاج إلى وقت أطول من غيره، لذا ينصح المعلم باستخدام أساليب وطرائق أخرى إلى جانب أسلوب الاكتشاف مثل أسلوب العرض والمناقشة وأسلوب التعلم بالمفاهيم والتعلم بالمجموعات والتعلم باللعب وغيرها من الأساليب والطرائق التي يختارها المعلم والتي تناسب مستوى وقدرات طلابه.

8. حل المسألة:

إن حل المسألة من القضايا التي شغلت المهتمين بالرياضيات وطرق تدريسها، فالمسألة هي موقف جديد مميز لا يكون له حل جاهز في اللحظة التي يعرض فيها على المتعلم، ومن الأمثلة على ذلك المسائل التطبيقية على العمليات الأربع في الرياضيات.

-وينصح المعلم بمراعاة الأمور التالية عند تدريس الرياضيات وحل المسألة:

أ- إتاحة الفرص الكافية للطلاب للتعرف على المسألة عن طريق قراءتها قراءة واعية فاهمة والإلمام بها كمشكلة متكاملة.

ب- إتاحة الفرص الكافية للطلاب لتحليل المسألة بأنفسهم والتعبير عنها بلغتهم الخاصة، وتحديد عناصرها الرئيسية بإرشاد وتوجيه من المعلم.

ج- تشجيع الطلاب وتحفيزهم على ربط المعطيات بالمطلوب والتوصل إلى العلاقة أو العلاقات التي تربط بينها. ومن ثم ترجمة هذه العلاقات إلى رموز.

د- إتاحة الفرصة الكافية للطلاب لكي يختبر كل منهم إجابته ليتأكد من تحقيقها لمعطيات المسألة.

هـ- التأكد من أن الطلاب يتقنون المهارات الرياضية الأساسية التي يتطلبها حل المسألة لكي لا تكون عائقا لهم.

ح- إتاحة الفرصة الكافية للطلاب لكي يختبر كل منهم إجابته، ليتأكد من تحقيقها لمعطيات المسألة.

ط- التأكد من أن الطلاب يتقنون المهارات الرياضية الأساسية التي يتطلبها حل المسألة، لكي لا تكون عائقا لهم.

☒ الخرائط المفاهيمية

- نماذج من الخرائط المفاهيمية والتي من خلالها يمكن تدريس الرياضيات أو أي مادة أخرى من خلال المنحى التكاملي الترابطي:

- الخرائط المفاهيمية في تدريس الرياضيات:

إن المفهوم هو صورة ذهنية لشيء محدد تجمعه خصائص مشتركة، ولا بد أن يكون له معنى، فقد يكون المفهوم فكرة أو مجموعة أفكار يكتسبها الفرد على شكل تعميمات.

كما يمكن تعريف المفهوم أنه مجموعة من الأشياء أو الرموز التي تجمع معا على أساس خصائصها المشتركة العامة، والتي يمكن أن يشار إليها باسم أو رمز خاص مثل: الشجرة، النسبة المئوية، الديمقراطية، العمل، الضرب، القسمة، الكسور، النسبة المئوية، الأم، الصداقة، التلفاز...... الخ.

والمفاهيم لا تنشأ فجأة بصورة كاملة الوضوح، ولا تنتهي لدى الفرد عند حد معين، ولكنها تنمو وتتطور طوال الوقت، ويكون تعليم المفاهيم أكثر فعالية عندما يتم تدريسها بصوره تكاملية ترابطية، أي تتبع المفاهيم في جميع المواد بصورة تكاملية في وقت واحد، فتكون جميع الدروس متوافقة لتعطي فعالية أكثر لدى الطالب.

وقد لاحظنا أنه عندما نقوم بتصميم تعليم طلابنا سواء في المعارف أو في السلوكيات أو المهارات، لاحظنا بأن هذا التعلم لا ينعكس غالبا على هذه الجوانب، وذلك للأسباب التالية:

1. أن المنهاج أو المحتوى لا يركز على انعكاسات هذه المفاهيم والقيم على سلوكات وممارسات الطلاب، لأن ما يتعلمه

الطالب لا يشعره أنه له معنى في حياته، أو له ارتباط بما يمارسه وبما يدور حوله في حياته وبيئته، أي أن هذه المفاهيم والمعلومات والمهارات لا تم تدريسها بشكل وظيفي.

2. ضرورة التركيز على التربية الشاملة من أجل تهيئة الطلاب للمشاركة العقلية الفاعلة، في عالم يتزايد فيه تأثير العلم والتكنولوجيا والابتعاد عن عالم الجهل والخرافات.

3. ضرورة التركيز على تدريب المعلم وتغيير أدواره، من الأدوار التقليدية ليصبح قادرا على سرعة استيعاب الجديد، والتكيف مع الظروف المتغيرة والمتجددة، وبحيث يكون معلم المستقبل منظما للمواقف والخبرات التعليمية، والتي تنشط الطلاب ليأخذوا دورا ايجابيا يتفاعلون من خلاله مع بيئتهم، تفاعلا يؤدي إلى تطور كليهما.

4. نلاحظ بأن الطالب في مدارسنا يتعلم المفاهيم المختلفة بشكل منفصل وغير مترابط مع المواد الدراسية الأخرى، لذا فإن هذه القيم لا تتفاعل مع الحدث، لذا وجب تعليم الطلاب المواد المختلفة بشكل مترابط ومتكامل، من أجل سد الفجوة بين المواد، وتوسيع دائرة تدريس المفهوم لتوسيع تفكير الطالب وإخراجه من هذه الدائرة الضيقة، إلى دائرة أوسع وأرحب، من أجل مساعدته على تعديل سلوكه وإفساح المجال أمامه لتطبيق المفهوم على أرض الواقع.

5. ضرورة العمل على نقل دور الطالب مـن كونـه "متلقن" إلى "متعلم" ودور المعلـم مـن "خبير" إلى "موجه أو مرشد"

6. ضرورة تدريس المحتوى كمفهوم، وتوسيع مجالات تطبيق هذا المفهوم.

* مما سبق نستنتج أن أحد أهداف التدريس الحديثة هو أن يتعلم الطالب المعلومات المقدمة لـه تعلما ذا معنى، ويعتبر التعليم ذو المعنى جوهر نظرية العالم التربوي (أوزبل) والذي فرق فيها بـين التعليم الاستظهاري، والتعليم ذي المعنى، حيـث أوضـح أن التعليـم الاسـتظهاري يقـوم علـى حفـظ المادة دون معرفة معناها، وهو التعلم الذي يقـوم علـى التـذكر الحـرفي للمـادة والمعرفـة بصـورة أساسية، ويكون ناتج هذا النوع من التعلم عدم حدوث تعديل أو تغيير في البنية المعرفية للطالب، وأن المعلومات المكتسبة تكون عرضة للنسيان في أغلب الأحيان.

وقد أجمع العديد من التربويين بأن " خرائط المفاهيم"عبارة عن رسوم تخطيطيـة ثنائيـة البعـد تترتب فيها المفاهيم الدراسية بصورة هرمية، بحيث تتدرج من المفاهيم الأكثر شمولية الأقل خصوصية في قمة الهرم إلى المفاهيم الأقل شمولية والأكثر خصوصية في قاعدة الهرم. وتحاط هذه المفاهيم بأطر ترتبط ببعضها البعض بأسهم مكتوب عليها نوع العلاقة.

- أهمية استخدام خرائط المفاهيم:

أولا: أهميتها بالنسبة للطالب (المتعلم)

1. ربط المفاهيم الجديدة بالمفاهيم السابقة الموجودة في بنية المعرفة.
2. البحث عن العلاقات المشتركة بين المفاهيم.
3. البحث عن أوجه الشبه والاختلاف بين هذه المفاهيم.
4. تنمية الإبداع والتفكير التأملي لدى الطالب من خلال بناء خريطة المفاهيم أو إعادة بنائها.
5. جعل (المتعلم) الطالب مستمتعا ومصنفا ومرتبا للمفاهيم.
6. مساعدة الطالب في إعداد ملخص تخطيطي لما تم تعمله.
7. مساعدة الطالب في الفصل بين المعلومات الهامة والمعلومات الهامشية، واختيار الأمثلة الملائمة لتوضيح المفهوم.
8. ربط المفاهيم الجديدة وتمييزها عن المفاهيم المتشابهة.
9. تنظيم تعلم موضوع الدراسة.
10. الكشف عن غموض مادة النص، أو عدم اتساقها أثناء القيام بإعداد خريطة المفاهيم.
11. تقييم المستوى الدراسي.
12. تحقيق التعليم ذي المعنى.
13. مساعدة الطالب (المتعلم)على حل المشكلات

14. مساعدة الطلاب على اكتشاف علاقة الرياضيات بالعالم الخارجي وبالمواد الأخرى وبالبيئة المحيطة وبالتعاملات الحياتية المختلفة

15. زيادة التحصيل الدراسي للطالب

16. تنمية اتجاهات الطلاب نحو مادة الرياضيات

ثانيا: أهميتها بالنسبة للمعلم

تكمن أهمية استخدام خرائط المفاهيم بالنسبة للمعلم في كونها تساعد على:

1. التخطيط للتدريس سواء لدرس أو وحدة أو فصل دراسي أو سنة دراسية.

2. تساعد في عملية التدريس: (قبل الدرس، أثناء الشرح، في نهاية الدرس)

3. تنظيم تتابع الحصص في قاعدة الدرس

4. تركيز انتباه الطلاب، وإرشادهم إلى طريقة تنظيم أفكارهم واكتشافها

5. اختيار الأنشطة الملائمة، والوسائل المساعدة في التعليم

6. استخدام مداخل تدريسية أكثر مغزى

7. كشف التصورات الخاطئة لدى الطلبة، والعمل على تصحيحها.

8. مساعدة الطلبة على إتقان بناء المفاهيم المتصلة بالمواد، أو المقررات التي يدرسونها.

9. تنمية روح التعاون والاحترام المتبادل بين المعلم وطلبته.

10. توفير مناخ تعليمي جماعي للمناقشة بين المتعلمين.

- تدريس المفاهيم:

إن المتتبع للكتب الدراسية والمراجع والمقررات يلاحظ تعدد أشكال وأنواع الخرائط المفاهيمية، وأنه تم الاعتماد على عنصرين أساسيين عند تصنيف هذه الخرائط هما :

1. حسب طريقة تقديمها للطلاب.

2. حسب أشكالها.

وعلى الرغم من اختلاف أشكالها أو طرق تقديمها للطلاب إلا أنها لا تخرج عن الأهداف والأغراض التي ذكرناها في بداية هذا الموضوع، ولكننا لاحظنا من خلال الزيارات المتعددة للمدارس والمعلمين بأن معظم المعلمين يدرسون المفاهيم كل حسب مادته وتخصصه بشكل منفصل عن المواد الأخرى، بحيث لا يلجأ إلى ربط المفاهيم أو المواد مع بعضها البعض بحيث يركز على انعكاسات هذه المفاهيم على قيم وسلوكات الطلاب، لذا نلاحظ أن هذا التعليم لا ينعكس على هذه الجوانب الهامة، لأن ما يتعلمه الطالب لا يشعره بأنه له معنى في حياته، وبعبارة أخرى أن هذه المواد لا يتم تدريسها بشكل وظيفي مترابط متكامل، لأن الطالب في مدارسنا يتعلم هذه المفاهيم بشكل غير مترابط مع المواد الأخرى، لذا فإن هذه المعلومات وهذه القيم لا تتفاعل مع الحدث.

لذا سنعرض فيما يلي إلى كيفية تدريس بعض المفاهيم بشكل مترابط ومتكامل مع المواد الأخرى بشكل سلس وفاعل، من أجل تحقيق

الأهداف المرجوة من عملية التعليم والتعلم، من خلال عرض أمثلة واقعية تم تطبيقها في

مجموعة من المدارس وكانت نتائجها إيجابية:

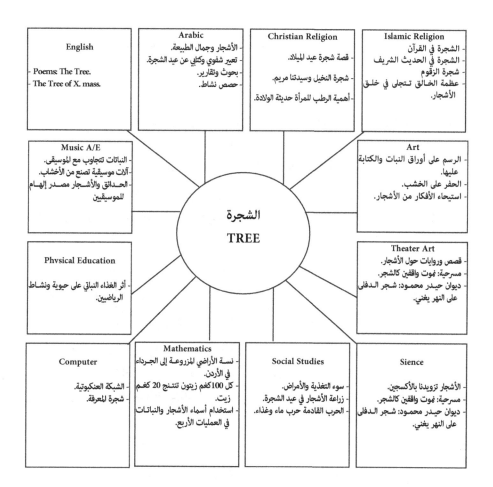

- مثال: "1"

- المفهوم: الشجرة

يمكن تدريس هذا المفهوم من خلال مجالات متعددة، وربطه بالعديد من المواد الدراسية المختلفة، كالآتي:

* من خلال الدين الإسلامي:

— الشجرة في القرآن الكريم: "والتين والزيتون وطور سنين..".

— وردت أسماء أشجار كثيرة في القرآن الكريم مثل: التين، الزيتون، الرمان، النخيل، الأعناب".

— ما اسم الشجرة التي ورد ذكرها في القرآن الكريم والتي سيأكل منها أهل النار يوم القيامة ؟ ابحث عنها في القرآن الكريم وسجل اسم لسورة، واذكر الآية التي وردت فيها، وما لون وشكل هذه الثمرة ؟ الجواب: (شجرة الزقوم).

— استشعار عظمة الخالق في أشكال وأنواع الأشجار والنباتات التي خلقها الله سبحانه وتعالى، واختلاف أشكالها وألوانها وأزهارها واختلاف ثمارها وطعمها.... على الرغم من أنها تعيش في نفس الأرض ونفس التربة وتروى من نفس الماء!!

— حديث شريف:" إذا قامت الساعة وبيد أحدكم فسيلة فليزرعها".

* من خلال الدين المسيحي:

— قصة شجرة عيد الميلاد.

— ما اسم الشجرة التي أكلت منها سيدتنا (مريم) عندما وضعت سيدنا عيسى عليه السلام؟ اذكر اسم هذه الشجرة التي أكلت منها، واذكر السورة والآية التي وردت فيها؟ الجواب (شجرة النخيل).

* من خلال اللغة العربية:

— أهمية الأشجار في جمال الطبيعة، وما تضفيه على الجبال والوديان والسهول من جمال ورعة.

— درس في التعبير الشفوي والكتابي: "عيد الشجرة" أو الشجرة الأم الثانية لنا".

— تكليف الطلاب بكتابة بحوث وتقارير حول: أهمية الأشجار في الغذاء والدواء والصناعات الغذائية والصناعات الخشبية، وأهمية الأشجار في توفير الطاقة.

— في حصص النشاط والتربية المهنية والفنية.

— ديوان الشاعر حيدر محمود: "شجرة الدفلى على النهر تغني".

* الشجرة في اللغة الانجليزية :

— في الشعر (poems)

— قصيدة الشجرة

The Tree

I think I shall never see

A poem lovely as a tree

A tree whose hungry month is prissed

Against the earth sweet flowing breast

— قصيدة شجرة عيد الميلاد: The tree of X-mass

* في الفنون:

— رسم الحدائق والأشجار والأزهار، والاستفادة من ألوان الأشجار والأزهار.

— الرسم على الأوراق وجذوع الأشجار

— الحفر على الخشاب وسيقان الأشجار

–   كيف تستوحي من الحدائق والأشجار والأزهار والغابات...... الأفكار والقصص والأشعار....

* في الفن المسرحي:

–   قصص وروايات حول الأشجار.

–   مسرحية "نموت ونحن واقفين كالأشجار".

* في العلوم:

–   الأشجار وتوفير الأوكسجين.

–   الأشجار وتوفير الغذاء في عملية التركيب الضوئي والتي تتم في الأوراق الخضراء للنباتات:

ماء + ثاني أكسيد الكربون $\xleftarrow{\text{كلوروفيل}}$ مواد نشوية + أوكسجين

$H_2O + CO_2 \xrightarrow{\text{كلوروفيل}} C_6H_{12}O_6 + O_2$

–   تتكون الأشجار من: الجذور والساق والأغصان والأوراق.

–   الأشجار تمتص الماء والغذاء من التربة من خلال الطرق التالية:

1.   الخاصية الشعرية.

2.   الضغط الجذري.

3.   الضغط الأسموزي

–   أهمية الأشجار في منع انجراف التربة، ومنع التلوث الهوائي.

–   تقدير عمر الشجرة من خلال عدد الحلقات في ساقها.

–   النبات والتوازن الغذائي.

* في الدراسات الاجتماعية:

–   يتوقع أن تكون الحروب القادمة بسبب الماء والغذاء.

–   سوء التغذية سبب رئيسي للكثير من الأمراض.

–   النبات مصدر الغذاء الرئيس والوحيد للإنسان والحيوان.

–   تقوم الدولة على زراعة آلاف الأشجار سنويا.

– 15 كانون الثاني من كل عام، عيد قومي "عيد الشجرة".

– تعتبر الصناعات الخشبية وتجارة الأخشاب من أهم الصناعات في كثير من الدول.

– أهمية الأشجار والأزهار والنباتات في الصناعات الدوائية.

* في الرياضيات:

– حساب المسافات اللازم تركها بين الأشجار عند زراعتها في الحقول والحدائق والمزارع النموذجية.

– احسب كمية السماد الطبيعي اللازمة لمزرعة مساحتها 20 دونم؟

– احسب نسبة الأراضي الزراعية إلى نسبة الصحراء في الأردن؟

– احسب كم تنكة زيت زيتون ينتج عن درس 1000 كغم من الزيتون؟

* في الحاسوب:

– الشجرة العنكبوتية.

– شجرة المعرفة.

* في التربية الرياضية:

– العقل السليم في الجسم السليم. (أثر الغذاء النباتي في سلامة الجسم ونموه).

– النباتات والأشجار في صناعة الزيوت والمراهيم لتدليك الرياضيين.

– أثر الغذاء النباتي على حيوية ونشاط الرياضيين.

– استخدام زيوت النباتات في المساج وعلاج المفاصل والعضلات...

* في الموسيقى:

– أثبتت الدراسات أن النباتات تتجاوب مع الموسيقى ويزداد نموها.

– آلات موسيقية عديدة تصنع من أخشاب بعض الأشجار والنباتات مثل (آلة العود، الكمان، البيانو، ...)

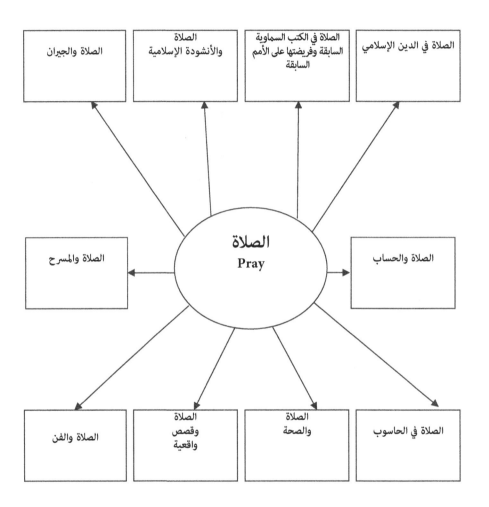

الصلاة والجيران | الصلاة والأنشودة الإسلامية | الصلاة في الكتب السماوية السابقة وفريضتها على الأمم السابقة | الصلاة في الدين الإسلامي

الصلاة والمسرح

الصلاة
Pray

الصلاة والحساب

الصلاة والفن | الصلاة وقصص واقعية | الصلاة والصحة | الصلاة في الحاسوب

- مثال: "2"

- المفهوم: "الصلاة"

* الصلاة في الدين الإسلامي:

– أهمية الصلاة: لقد فرض اللـه سبحانه وتعالى على كل مسلم ومسلمه خمس صلوات في اليوم والليلة، وجعل أوقاتها موزعة في أول النهار وأوسطه وآخره، حتى يكون الإنسان المسلم طاهر الجسم والنفس والقلب، ويتجنب المعاصي في الليل والنهار.

– أركانها: هي الركن الثاني من الإسلام "وأقيموا الصلاة وآتوا الزكاة "

– شروط الصلاة :

1. الوضوء.

2. الطهارة (طهارة اللباس والمكان والجسد).

3. التوجه نحو القبلة أثناء الصلاة.

– الصلاة في الكتب السماوية وفريضتها على الأمم السابقة.

– الصلاة والأنشودة الإسلامية.

* الصلاة والرياضيات:

– يقرأ الإنسان سورة الفاتحة سبع عشرة مرة في الصلوات المكتوبة وهي موزعة على خمس صلوات في اليوم والليلة،

وكلها مكررة للدلالة على وحدانية اللـه تعالى، وننهي الصلوات، بصلاة الوتر وهي ركعة واحدة بعد صلاة العشاء.

- ابحث في القرآن الكريم: كم مرة تكررت كلمة: "الصلاة" في القرآن الكريم.

* الصلاة والمسرح:

- يخطط المعلم لعمل مسرحية أو فاصل مسرحي عن أهمية الصلاة والخشوع، وكيف يأتي الشيطان ويوسوس للإنسان خلال الصلاة لتشتيت أفكاره ويُذهب عنه الخشوع، مع مراعاة مستويات وأعمار الطلاب، لأن ما يمكن تقديمه للصفوف الدنيا، يختلف عما يقدم لطلاب المراحل العليا من معلومات وأفكار ومفاهيم.

* الصلاة والجيران:

- من فوائد الصلاة وآدابها أنها تعلم الصدق والأمانة وطاعة الوالدين واحترام الجار، وهذا بالتالي يؤدي إلى محبة الجيران بعضهم البعض، والخروج معا إلى صلاة الجماعة في المسجد، مما يحقق المحبة والصحبة الجيدة والتعاون على البر والخير.

- اذكر الحديث الشريف الذي يحث على احترام وتقدير الجيران، واكتب على دفترك وأحفظه غيبا.

* الصلاة والحاسوب:

- عمل رسومات من خلال الحاسوب لتعليم وتعلم الصلاة.

– مشاهدة أخطاء المصلين خلال الحاسوب، للاستفادة منها وتدارك هذه الأخطاء والتي قد لا يشعر بها الإنسان.

– عمل درس من خلال برنامج "البوربوينت" عن تعليم الصلاة بشكل صحيح.

* الصلاة والصحة:

– حديث شريف، قال رسول الله صلى الله عليه وسلم: "أرأيتم إن نهرا بباب أحدكم، يغتسل منه كل يوم خمس مراتٍ، هل يبقى من درنه شيء، قالوا: لا، قال عليه السلام:وكذلك الصلوات الخمس".

– حركات الصلاة: فيها فوائد صحية للجسم والعضلات والمفاصل، والدورة الدموية من خلال السجود والركوع والوقوف.

– النظافة الدائمة للملابس والجسد واليدين والوجه والرجلين.

* الصلاة وقصص واقعية:

* الصلاة والفن:

– يقوم المعلم بعمل رسومات فنية تبين ترتيب أعمال الصلاة، ورسومات أخرى لشخص يصلي مع التكبير... حتى التسليم.

- مثال: "3"

- المفهوم: الاستعمار:

* الدين الإسلامي:

− أثر الاستعمار ومحاولاته في محاربة الدين الإسلامي والمسلمين.

− نشيد إسلامي يحض على محاربة المستعمر.

− أحاديث نبوية شريفة تحث على محاربة العدو والمحتل المستعمر.

− ورقة عمل من خلال مجموعات طلابية توضح كيف استطاع العرب والمسلمين من القضاء على الاستعمار وطرد المستعمرين من أوطانهم.

− تشجيع الطالبات على ارتداء الحجاب واللباس الإسلامي الذي يستر الجسم.

− تكليف الطلاب كتابة تقارير وأبحاث عن دور الإسلام والمسلمين في محاربة الاستعمار وطرده من ديار المسلمين.

− واجبنا ودورنا في محاربة كل أشكال الاستعمار العسكري والسياسي والثقافي والفكري والاقتصادي والاجتماعي، ومحاربة الغزو الثقافي غير الإسلامي، ومحاربة العادات والتقاليد والأفكار غير الإسلامية.

* اللغة العربية:

- قصيدة شعرية تتحدث عن خطورة الاستعمار، تلقى بأسلوب تعبيري على مسامع الطلاب من خلال الإذاعة المدرسية أو في مناسبات وطنية وقومية، أو من خلال الاحتفالات المدرسية الموسمية.

- استغلال بعض حصص النشاط وفتح المجال للحوار والنقاش عن آثر الاستعمار الثقافي على لغتنا العربية والذي يحاول تشويه لغتنا العربية والقضاء عليها.

- استغلال حصص التعبير للكتابة في مواضيع عن الاستعمار مع مراعاة تسلسل الأفكار وترابطها.

* في اللغة الانجليزية :

- قصص تتحدث عن الاستعمار، ويفضل أن تكون من إعداد مؤلفين عرب أو مسلمين ممن كانوا ويلات الاستعمار.

- أهمية تعلم لغة أجنبية ليسهل فهم العدو، مع، الحفاظ على، لغتنا العربية الاستمرار بإعطاء المعنى الحقيقي لكل مفهوم أو مصطلح انجليزي باللغة العربية.

* في الموسيقى:

- يخطط المعلم في تضمين حصة الموسيقى أغاني وطنية تناهض الاستعمار ومقاومته... وتمجيد الأبطال والشهداء، بحيث يتحقق التكامل بين المسرح والموسيقى، ولتقديم مسرحية غنائية تمجد مقاومة الاستعمار وكيف استطاع

العرب والمسلمون من تحرير أوطانهم من أشكال الاستعمار المختلفة.

– ضرورة الاهتمام بالآلات الموسيقية العربية والحفاظ عليها كتراث وتاريخ نعتز به.

* في الرياضة :

– يبين المعلم أسباب تأخر المستوى الرياضي للدول العربية مقارنة مع الدول الأخرى، لأنه في الفترة التي كانت تتقدم فيها الرياضة بأنواعها في الدول الغربية، كان العرب منشغلون في الدفاع عن أوطانهم ضد الاستعمار والاحتلال، ومنشغلين في توفير متطلبات الحياة الأخرى.

– يخطط المعلم بحيث يمارس الطلبة الرياضة والألعاب التي تعد من أصول عربية مثل: السباحة والرماية وركوب الخيل... وذلك دعما للثقافة والرياضة العربية ورد عملي على الاستعمار والمستعمر الأجنبي.

* في الحاسوب :

– تزويد أجهزة الحاسوب المدرسية والتعليمية بمواقع تبين أهمية الإسلام، وتثقيف الطلاب بأثر الاستعمار السلبي على عاداتنا ولغتنا وديننا الإسلامي، ودورنا في الحفاظ على تراثنا وعاداتنا الحميدة.

– إعداد مواقع تبين أهمية الجهاد في الدفاع عن الوطن والقضاء على الاحتلال والاستعمار مثل الاحتلال الصهيوني لفلسطين ولبعض أجزاء من الوطن العربي الإسلامي.

- عرض أشرطة فيديو وCD تبين آثر الاستعمار وأنواعه، على شعوبنا واقتصادنا وثقافتنا ودينينا.

* في الرياضيات :

- استخدام العمليات الحسابية المختلفة (الجمع والطرح والضرب والقسمة) بطرق وأساليب مختلفة ومنتجة.
- اذكر أسماء الدول العربية التي وقعت تحت حكم المستعمر، وعدد سنوات الاستعمار التي دامت فيها.
- اعمل مخططا بيانيا بالأعمدة يبين سنوات الاستعمار التي دامت في هذه الدول.
- يوظف المعلم المنهاج وأساليب التدريس المختلفة في خدمة المفهوم مثل :
  - كم عدد الدول العربية التي كانت مستعمره؟
  - كم عدد الدول التي استعمرها الانجليز، وعددها؟
  - كم عدد الدول التي استعمرها الفرنسيون، عددها؟
  - كم عدد الدول التي استعمرها الايطاليون، عددها؟
- من خلال الواقعية في الحياة كالبيع والشراء والتعاونيات في مقصف المدرسة.

* في الدراسات الاجتماعية :

- تعد الدراسات الاجتماعية من أكثر المواد التعليمية مجالا لمناقشة قضايا ومشكلات المجتمع، لذا فإن الدراسات

الاجتماعية بموادها المختلفة من التاريخ والجغرافيا والتربية الوطنية، هي مواد مناسبة وغنية بالدراسات المتعلقة بموضوع الاستعمار وغيره، ومن خلاله يمكن التطرق إلى:

- مفهوم الاستعمار.

- أشكال الاستعمار المختلفة (العسكري، الاقتصادي، الثقافي، السياسي، الاجتماعي.

- الشهيد عمر المختار ونضاله وبطولته ضد الاستعمار.

- الشريف الحسين بن علي وأولاده ودورهم في مقاومة الاستعمار.

- قصة الثورة العربية الكبرى.

- معركة الكرامة الخالدة.

- القيام بزيارات ورحلات ميدانية ذات دلالة وطنية مثل: زيارة الجندي المجهول في الأغوار، صرح الشهيد في عمان.

* في العلوم:

- القنبلة الذرية.

- صناعة الصواريخ.

- التفاعلات الكيماوية.

- الطاقة الشمسية، طاقة الرياح، الشلالات، إحدى مصادر توليد الكهرباء أهمية البترول العربي(النفط) كمصدر للطاقة وسبب رئيسي من استعمار الغرب لبلادنا.

94

- الحروب الحالية حروب (بترول وطاقة) للسيطرة على العالم.

- البحث عن مصادر بديلة للطاقة.

* في المسرح:

- إعداد مسرحيات تعبر عن أوضاع الأمة العربية في فترة الاستعمار.

- التعبير الأدائي عن الاستعمار الثقافي للأمة العربية.

- مناقشة الآثار الرئيسية السلبية للاستعمار الأجنبي على الأمة العربية.

* في الرسم:

- يطلب المعلم من الطلاب رسم خريطة تبين حدود الوطن العربي، وأن هذه الحدود هي من صنع الاستعمار ليسهل عليه حكم البلاد والسيطرة عليها. ولتكريس التفرقة بين الدول العربية.

- يحدد الطالب على الخريطة الدول العربية التي عانت من الاستعمار الأجنبي.

- تكليف الطلاب بالتعبير عن أفكارهم من خلال الرسوم الكاريكاتيرية عن الاستعمار بأشكاله المختلفة.... ومناقشة هذه الرسومات وعمل معرض صفي أو مدرسي لهذه الرسوم.

1. التعاون "وتعاونوا على البر والتقوى"، التحذير من الهجران، زيارة المريض، النصيحة، إفشاء السلام.

2. قصة عن الصداقة، قصيدة تدور حول الصداقة، كتابة جملة أو فقرة تصف معنى الصداقة.

3. أنشطة عملية تعزز مفهوم الصداقة، عمل شعار، عمل بطاقة.

4. Stories and plays, Julius Caesar, Wuthering heights, Speech: I have a dream, Martin L.King, Student talk for a five minutes about asituation where they showed loyalty.

5. الصديق الأقرب من الأخ، تحب قريبك كنفسك، يسوع يختار.

6. المسائل المتعلقة بالمهارات الواقعية من الحياة، الطرح بالاستلاف.

7. نشيد ما أجمل الصداقة

8. مسرحية Animal farm stick puppets

9. الانتماء للجماعة، التكيف.

10. العلاقة بين الكلمات الحية، علاقة التجمع، الأشنات.

11. اللعب كالفريق، الألعاب الجماعية، التخييم، الكشافة والمرشدات.

شجرة الماء

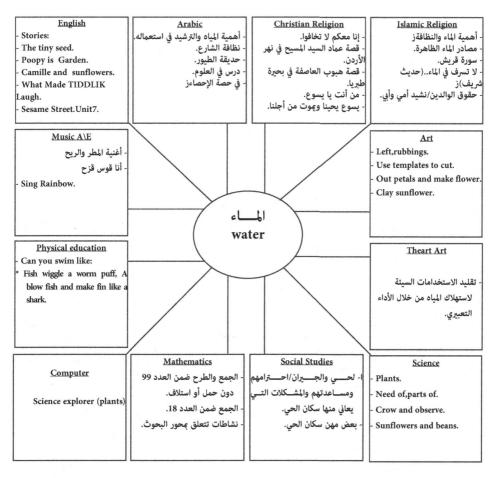

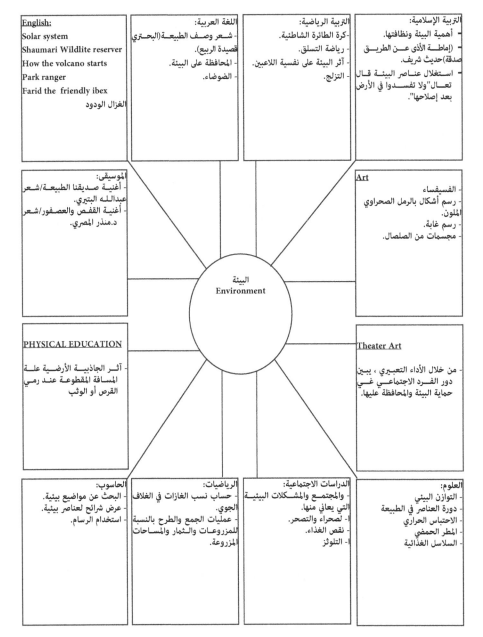

البيئة
Environment

التربية الإسلامية:
- أهمية البيئة ونظافتها.
- (إماطـة الأذى عـن الطريـق صدقة)حديث شريف.
- اسـتغلال عنـاصر البيئـة قـال تعـال"ولا تفسـدوا في الأرض بعد إصلاحها".

التربية الرياضية:
- كرة الطائرة الشاطئية.
- رياضة التسلق.
- آثر البيئة على نفسية اللاعبين.
- التزلج.

اللغة العربية:
- شـعر وصـف الطبيعـة(البحـتري قصيدة الربيع).
- المحافظة على البيئة.
- الضوضاء.

English:
Solar system
Shaumari Wildlite reserver
How the volcano starts
Park ranger
Farid the friendly ibex
الغزال الودود

Art
- الفسيفساء
- رسم أشكال بالرمل الصحراوي الملون.
- رسم غابة.
- مجسمات من الصلصال.

الموسيقى:
- أغنيـة صـديقنا الطبيعـة/شـعر عبداللـه البتيري.
- أغنيـة القفـص والعصـفور/شـعر د.منذر المصري.

Theater Art
- من خلال الأداء التعبـيري ، يبـين دور الفـرد الاجتماعـي غـي حماية البيئة والمحافظة عليها.

PHYSICAL EDUCATION
- آثـر الجاذبيـة الأرضـية علـة المسـافة المقطوعـة عنـد رمـي القرص أو الوثب

العلوم:
- التوازن البيئي
- دورة العناصر في الطبيعة
- الاحتباس الحراري
- المطر الحمضي
- السلاسل الغذائية

الدراسات الاجتماعية:
- والمجتمـع والمشـكلات البيئيـة التي يعاني منها.
- لصحراء والتصحر.
- نقص الغذاء.
- التلوثز

الرياضيات:
- حساب نسب الغازات في الغلاف الجوي.
- عمليات الجمع والطرح بالنسبة للمزروعـات والـثمار والمسـاحات المزروعة.

الحاسوب:
- البحث عن مواضيع بيئية.
- عرض شرائح لعناصر بيئية.
- استخدام الرسام.

الفصل الثالث

أهمية معلومات وخبرات ما قبل المدرسة

في تعلم الرياضيات

يجهل الكثير من المعلمين أن هناك بعض المعلومات والخبرات والمفاهيم الضرورية والتي يجب أن يمتلكها الأطفال قبل التحاقهم بالمدرسة والتي تعتبر ضرورية وهامة بحيث تشكل جسرا هاما لتعلم الرياضيات في الصفوف الأولى، والتي بدونها لا يستطيع الطفل التقدم بشكل طبيعي في تعلم مادة الرياضيات.

لذا فإن هذه الخبرات القبلية تعتبر الأساس والبنية التحتية لتعلم الرياضيات خصوصا" في الصفوف الأساسية الدنيا والتي تساعد في سرعة تحصيل الطفل للمعلومات التي يتطلبها منهاج الرياضيات في هذه المرحلة.

وعلى المعلم أن يتأكد من امتلاك الطفل لهذه المعلومات والخبرات قبل أن يبدأ بتطبيق المنهاج أو الكتاب المدرسي المقرر، وذلك من خلال إجراء اختيار قبلي (تشخيصي) لطلابه، فإذا اطمأن المعلم على أن طلابه يمتلكون المهارات والخبرات القبلية المطلوبة، بدأ بتطبيق المنهاج والكتاب المدرسي المقرر، وإلا فعليه استغلال الأسابيع الأولى من السنة الدراسية في إكساب طلابه هذه المعلومات الأساسية والتي بدونها لا يستقيم تعلم الرياضيات بشكل فاعل.

وقد يدعي البعض بأن رياض الأطفال قد تقوم بهذه المهمة، لكننا نقول بأن الكثير من رياض الأطفال لا تمتلك برنامجا" أو منهاجا" رسميا" خاصا" يتطرق إلى هذه المفاهيم والخبرات، كما أن رياض الأطفال تختلف عن بعضها البعض في درجة اهتمامها بالطفل ما قبل المدرسة وفي توفير الوسائل والإمكانات المطلوبة والممنهجة، كما أن الكثير من رياض الأطفال لا تهتم بتوظيف المعلمة المدربة والمؤهلة للتعامل مع هؤلاء الأطفال والقدرة على امتلاك المهارات

والقدرات المطلوبة لتدريب الأطفال في هذه السن، وعلى المعلم أن يدرك بـأن الكثير مـن الأطفال لا تساعدهم ظروفهم بالالتحاق برياض الأطفال، ويلتحقون بالمدرسة وهم لا يمتلكون سـوى الخبرات التي اكتسبوها من والديهم ومن محيطهم المحدود.

لذا على المعلم أن يبدأ ومن اليوم الأول في المدرسـة عـلى تـوفير كافـة الوسـائل والإمكانـات والظروف الملائمة لإكساب طلابه لهذه الخبرات والمهارات الأساسية والتي تسهل عليه السير قدما" في تعليم الرياضيات لطلابه بشكل صحيح وفاعل ومشوق وفي تنمية التفكير الريـاضي لطلابـه في هـذه السن المناسبة.

وتعتمد المناشط التي تستخدم في تنمية التفكير الرياضي لدى الأطفـال في هـذه السـن عـلى دعامات ثلاثة هي:

1. التعبير عن حكم منطقي.
2. تجميع الأشياء في مجموعات.
3. إيجاد علاقة تربط بين زوج أو أكثر من الأشياء.

وسأقوم فيما يلي بشرح كل من الدعامات الثلاث سالفة الذكر مع إيضاح أهم المفاهيم التي تؤدي إليها، والاستشهاد ببعض الأمثلة المنبثقة من خبرات الأطفال اليومية.

أولا: التعبير عن حكم منطقي:

يلاحظ بصفة عامة أن الأطفال يميلون إلى إصدار أحكام تلقائية لها قيمتها على الأشياء التي تقع تحت أبصارهم وحسّهم، ويعلنون عن صحتها أو خطئها، ومن أمثلة ذلك:

1. حكمهم أن هذا الكعك لذيذ، وهذه العربة حمراء، وهذه الدمية ذات شعر طويل، وهذا الشاي حلو، وهذا الرجل طويل ....

2. إيجاد علاقة بين الأشياء بعضها البعض: عربتي أجمل من عربتك، والدي شقيق والدتك، هذه أختي....

وبالإضافة إلى ما تقدم نجد أن التأكد من صحة وجود علاقة تربط بين زوج من الأشياء أو عدم وجودها هو اتجاه منطقي أيضا.

وقد اكتشف العلماء منذ أمد بعيد اتجاه الطفل التلقائي للربط بين الأشياء بعضها البعض، ولكنهم لم يهتموا بكيفية استخدام هذا الاتجاه وتوجيهه إلى تنمية تفكيره الرياضي إلا في العصر الحديث.

ويمكن للمعلم أن يأخذ جميع التمرينات التي تسهم في الكشف عن خواص الأشياء (أشكالها، ألوانها، أوزانها، أحجامها، استعمالاتها، مصادرها...) بعدا جديدا في تدريب الأطفال على التفكير المنطقي.

- ظهور العمليات المنطقية:

أ- النفي:

وهي تنبثق من خواص الأشياء والعلاقات الأولية التي توجد بينها سمات وعلاقات أخرى

مثل:

كرتي حمراء، طارق شقيق هالة.
كرتي ليست حمراء، طارق ليس شقيق هالة.

وبهذا تنفي وجود الخواص الأولى في الأشياء، كما تنفي وجود العلاقات الأولى، ومن ثم تقترب من التعبير الرمزي.

ومن المثال السابق تكّون من الخاصية (ص) الخاصية ليست (ص) ومن العلاقة (س) ليست

(س).

ب- الاقتران:

بالإضافة إلى ما تقدم يمكن لشيء ما أن يتسم بخواص متعددة في وقت واحد، كما يمكن أن

ترتبط زوج من الأشياء بعدة علاقات بينها وعلى سبيل المثال لا الحصر:

‏—هذه الكرة حمراء وجميلة.

‏—طارق شقيق حسن وهو أصغر منه.

تبين من (واو العطف) في المثال الأول أنها تربط الكرة بخاصيتين، وفي المثال الثاني تربط (واو

العطف) بين طارق وحسن بعلاقتين، ويستخدم حرف (الواو) منطقيا في إيجاد خاصية جديدة تنبثق

من خاصيتين سابقتين للشيء. كما يستخدم حرف (الواو) أيضا في إيجاد علاقة جديدة تنبثق من

علاقتين سابقتين، وعلى ذلك تعتبر (واو العطف) دلالة تفسر عملية منطقية هي عملية الاقتران.

وعلى المعلم في البداية أن يكتفي بتعريف الطفل على وجود الخاصيتين معا أو عدم

وجودها في الشيء موضوع الدراسة، كما يكتفي باكتشاف الطفل للعلاقتين الموجودتين بين زوج من

الأشياء مما يقع تحت بصره.

ت- الانفصال:

للاختيار بين أمرين يستخدم عادة التعبير (أو) وعلى سبيل المثال :

- للطفل أن يختار بين بقائه في المنزل أو ذهابه إلى المدرسة في يوم ماطر.

- عليه أن يختار الكرة الحمراء أو الزرقاء.

ويلاحظ أن هذا التعبير (أو) ليس له وجود في منطق العلاقات بين الأشياء وبعضها.

وفي هذا المجال كثيرا ما نجد أن الأشياء التي تقع تحت أبصارهم تتسم بـأكثر مـن سـمة أو سمتين، وحتى لا يكون تدريب الأطفال على التعرف على سـمات الأشياء صـعبا ومرهقـا، ينبغـي أن تكون خواص موضوع الدراسة واضحة جدا في الأشياء بالنسبة للأطفال في هـذا السـن، لـذا تتطلب التدريبات استخدام وسائل تعليمية معينة محسوسة وملموسة وواضحة.

ثانيا: تجميع الأشياء في مجموعات:

لقد أكدت الدراسـات النفسـية والتربويـة أن الأطفـال يميلـون بطبيعـتهم إلى جمع الأشياء المختلفة واقتنائها، والحقيقة أن هذا النشاط الهام يعتبر أحد الركـائز الأساسـية في التفكير الرياضي، حيث يقتصر الأطفال في البداية على تكوين مجموعات محددة لأشياء يمكن التمييز بينها.

ويقوم الأطفال بتجميع الأشياء مـع بعضها في مجموعـات، وهـذا التجميع لا يـتم بصـورة عشوائية، بل يفرضه بالضرورة اشتراك الأشياء في خاصية أو في عدة خواص محددة فيما بينها، وبذلك نجد أن هناك ارتباط بين تكوين مجموعة معينة من الأشياء وقدرة الطفل على تحديد خواص هـذه الأشياء.

كما يستطيع الطفل كذلك تجميع الأشياء مع بعضها البعض في مجموعات طبقا لقائمة معينة، ومن الوجهة الرياضية يهتم الأطفال قبل المدرسة بالمجموعات المحددة فقط والتي يتوقف معيار الحكم فيها على تحديد الطفل عما إذا كان الشيء ينتمي أو لا ينتمي للمجموعة موضوع الدراسة.

أ-المجموعة الجزئية:

يُعطى الطفل مجموعة كبيرة من الخرز الملون ويطلب منه عزل الخرز الأحمر وحده منها، فإذا عزل الطفل الخرز غير الأحمر وحدة أيضا استطاع تكوين مجموعة أخرى جديدة، وبذلك تكون المجوعة الأولى قد انقسمت إلى مجموعتين:

1. مجموعة الخرز الأحمر.

2. مجموعة الخرز غير الأحمر.

ب-التجميع والتقاطع:

إذا أردنا صنع عقد من حبات خرز مستديرة زرقاء، فكيف السبيل إلى ذلك؟.

هناك طريقتان:

تتضمن الطريقة الأولى اختيار حبات الخرز واحدة واحده على أن تكون لكل منها الصفتان معا، الاستدارة واللون الأزرق.

وللحصول على حبات الخرز المستديرة الزرقاء، علينا أن نسأل أنفسنا، هل هذه الخرزة مستديرة؟ ثم نتساءل ثانيا هل هذه الخرزة زرقاء.

فإذا كان الجواب بالإيجاب عن السؤالين كانت حبات الخرز المنقاة مناسبة لصنع العقد المطلوب لأنها تحقق الشروط المطلوبة.

أما الطريقة الثانية فتتم من خلال البحث عن الصفتين معا في حبات العقد بطريقة تتابعيه، بمعنى أن نبحث عن جميع حبات الخرز المستديرة أولا، ثم نختار الحبات الزرقاء من بينها، كما يمكن أيضا جمع الحبات الزرقاء أولا، ثم اختيار الحبات المستديرة من بينها.

كما أن هناك طريقة أخرى تتضمن وضع الحبات المستديرة في قسم ووضع الحبات الزرقاء في قسم آخر، فإذا وجدنا حبات مستديرة زرقاء معا فإنها تتبع القسمين المشار إليها، وتكوِّن منطقة التقاطع التي يمكن تسميتها بالقسم المشترك (انظر الشكل).

مما سبق نجد أن مجموعة الخرز المستدير الأزرق هي المنطقة المشتركة التي تتكون من جميع الخرز الذي ينتمي إلى مجموعات الخرز المستديرة ومجموعة حبات الخرز الأزرق.

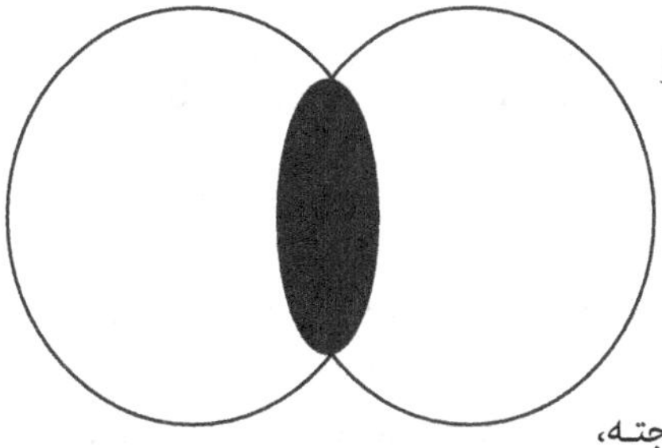

ج-قوائم متنوعة:

يقوم أحمد بجمع لعبه: حصانه، كرته، دراجته، مكعباته،... ويتضح للقارئ أن كل لعبة من هذه اللعب تحمل اسما معينا، وأن قائمة اللعب منظمة بطريقة ما تبين بوضوح مجموعة لعب أحمد. فإذا كانت الوحدات التي تتكون منها مجموعة ما لا تحمل اسما محددا فإن مهمة عمل قائمة بالوحدات يصبح أمرا متعذرا.

- مثال:

يحوي الصحن الموجود على المائدة فاكهة متنوعة، فإذا أردنـا تعيـين مجموعـة منهـا فقـط ينبغي علينا إتباع إحدى الطريقتين التاليتين:

1. إذا كانت الفاكهة متنوعة وتختلف عن بعضها فيمكن تسمية تلك التي يقع عليها اختيارنا بأسمائها (تفاحة، برتقالة، موز، خوخ...)

2. إذا كانت بعض هذه الفاكهة تحمل نفس الاسم (وجود عدد أكبر من التفاح مثلا)فلكي نتخير إحدى هذه التفاحات ينبغي أن نبحث لها عن صفة أخرى تميزها عن باقي التفاح، فنقول " التفاحة الحمراء، أو التفاحة الصفراء".

والواقع أن الصعوبات التي تعترض المعلم عند تعيين الأشياء بطريقة محـددة تفسر ـ أهميـة الاستعانة بالوسائل التعليمية الملموسة والمحسوسة والنماذج واللوحات والرسـومات وكافة الوسـائل التي تساعد الطفل على الوصف الدقيق لها بما لهـا مـن خـواص قليلـة محـددة، وذلـك لأن تحليـل الموقف أو المشكلة يسبق الحل الموضوعي لها.

ثالثا: إيجاد علاقة تربط بين زوج أو أكثر من الأشياء:

عندما يحدد الطفل أن لعبته لها نفس لون لعبة أخرى، وأن طفل معـين هـو شـقيق طفلـة معينة، وأن المكعب الذي في يده يحفظ عادة في علبة معينة، فإن خطوات تفكيره لا تقف عنـد حـد الربط بين زوج واحد من الأشياء، وإنما تتعدى ذلك وتوجد علاقات بين أزواج أخرى من الأشياء.

ويمكن للطفل إيجاد علاقات متعددة بين الأشياء وبعضها تبعا لطبيعة الأشياء ذاتها ونوعيتها.

ومن الوجهة الرياضية يواجه الطفل حالتين عند إقامة علاقات بين الأشياء وبعضها:

1. إما أن ينتمي عُنصري الزوج الواحد لنفس مجموعة الأشياء(نفس مجموعة اللعب، نفس مجموعة الأطفال،....).

2. وإما أن ينتمي عُنصري الزوج لمجموعتين مختلفتين (فالمكعب ينتمي إلى مجموعة اللعب، بينما الصندوق ينتمي لمجموعة الصناديق المختلفة).

أ- المجموعات المختلفة:

لنفرض أن المجموعة الأولى تشمل: مكعبات، عربات، حبات من الخرز. بينما تشمل المجموعة الثانية صندوق المكعبات، كراج العربة، وسلة من الورق، وعلبة الخرز.

ونلاحظ بأن لكل لعبة مكان في صندوق ترتب فيه، كما نلاحظ أيضا أن بعض اللعب تتجمع في صندوق واحد، بينما سلة الورق لم تستخدم، لذا يمكن للمعلم في هذه الحالة أن يدرب الأطفال على التعبير البسيط عن بعض السمات التي تميز علاقة بعض أشياء مجموعة ما ببعض أشياء مجموعة أخرى، وهنا لا بد أن نتساءل إلى أي مدى تقودنا علاقات التناظر بين مجموعة وأخرى؟؟

والواقع أنه في بعض الحالات يستطيع الطفل تجميع عناصر مجموعتين (واحد لواحد)، وعلى سبيل المثال إذا وجد مسكن لكل لعبة، وإذا وجدت لعبة لكل مسكن فإن من العلاقة (يوجد في) تنشأ

علاقة تناظر(واحد لواحد)أو (عنصر- لعنصر-) بين مجموعة اللعب ومجموعة المساكن، وبملاحظة الأطفال لمثل هذه المواقف ومعايشتها يستطيعون إدراك الصفة العامة لهذه المجموعات وهي عددها.

ب-المجموعة ذاتها:

من بين العلاقات التي يمكن أن تربط بين زوج من مجموعة واحدة، يمكننا من الوجهة الرياضية أن نتبين شكلين متداولين هما:

1. الاتسام بنفس الخاصية أو الصفة موضع الدراسة.
2. وضعها السابق بالنسبة لشيء آخر.

فإذا قلنا أن هذه اللعب لها نفس اللون، فهذا مثال على النوع الأول، بينما إذا ذكرنا أن وضع أحدهما يسبق الآخر، فهذا مثال من النوع الثاني.

- الحالة الأولى (الاتسام بنفس الخاصية):

وتتضح هذه الحالة إذا طلب المعلم من الطفل أخذ قطعة من قطع الموزايكو الملونة، ثم طلب منه بعد ذلك أخذ قطعة أخرى لها نفس اللون وهكذا حتى تنفذ جميع القطع الحمراء من الصندوق.

ويعيد المعلم نفس العملية مع طفل آخر بالنسبة للقطع الخضراء الموجودة في الصندوق، ثم الزرقاء، ثم الصفراء، ثم البيضاء، وفي نهاية العمليات يكون الأطفال قد قاموا بتصنيف قطع المجموعات المختلفة دون إيجاد عناصر مشتركة بين كل زوج منها، وإنما كل مجموعة من هذا التصنيف تتميز بلون القطع التي تنتمي إليها.

فعندما نقول أن هذا المثلث له نفس لون هذا المربع، فنحن في غير حاجة إلى توضيح اسم اللون، حتى إذا كنا نعرفه، وعندما نقول أن هذا المثلث أزرق فهذا لا يعني غير المثلث وصفته التي يتسم بها (اللون الأزرق).

- الحالة الثانية (أسبقية وضع شيء ما بالنسبة لغيره)

إذا لاحظنا طفلا يلعب بالمكعبات، نلاحظ بأنه يوزعها هنا وهناك، ثم يحاول مرة أخرى جمعها والتعرف على أكبرها، ولهذا فهو يتلمس المكعبات ويقارن بين كل اثنين منها ليتبين أيهما أكبر من الآخر حتى يعيد تنظيمها من جديد.

ولذلك نجد أن المقارنة بين كل زوج المكعبات تبعا للعلاقة (أكبر من) تساعد على تنظيمها، فيكون أكبرها هو الأخير وأصغرها هو الأول، فإذا أراد الطفل ذاته وضع المكعبات في تنظيم هرمي مثلا، فهذا التنظيم يتطلب بالضرورة أن يكون أكبر المكعبات عند القاعدة، ثم يليه المكعب الأصغر فالأصغر، وبذلك يكون أصغر المكعبات عند القمة.

لذا تعتبر المقارنة بين الأشياء وبعضها لترتيبها وفق نظام معين من التمرينات الهامة لتنمية التفكير الرياضي عند الطفل.

ويواجه الأطفال خلال لعبهم أو خلال ممارساتهم لأعمالهم وأنشطتهم المختلفة، يواجهون مشكلات يرغبون في التغلب عليها، مما يضطرهم إلى محاولة اكتشاف خواص الأشياء، ومقارنتها ببعضها، لاستخدامها في إيجاد الحل الصحيح للمشكلة، لذا يتضح أن المظهر الرياضي لهذه المناشط هو مرحلة من النشاط العام للطفل وليس

نهاية في حد ذاته. والملاحظ أن المظهر الرياضي لمناشط الأطفال يثير اهتمامهم وبخاصة الخطوات الأولى نحو الاستدلال.

لذا على المعلم استخدام وسائل تعليمية تتيح له فرصة ابتكار مواقف حسية موجهة تتميز بالتنوع بحيث تثير مشكلات يحاول الأطفال التغلب عليها، وبذلك ينبع نشاط الأطفال من الوسط الذي يألفونه.

ومن الأدوات التي تستخدم في التدريبات الحسّية: الخرز الملون، المكعبات ذات الأحجام المتدرجة، قطع الموزايكو الملونة، نماذج متشابهة للفواكه والخضروات المألوفة لدى الأطفال....الخ.

رابعا: الرسوم البيانية:

إن جميع خبرات الأطفال التي سبق ذكرها، هي خبرات حسّية استخدمت الكلمة والحركة للتعبير عنها. ويلي ذلك مرحلة أخرى يتدرب الطفل فيها على استخدام التعبير البياني كوسيلة للتعبير عن مناشطه، وفي هذا أهمية كبيرة في تنمية تفكير الطفل الرياضي.

وتستخدم التربية بعض الرموز البيانية لتعبير الأطفال عن مجموعات الأشياء أو التعبير عن علاقات التزاوج قبل استخدامهم الجمل اللفظية للتعبير الرمزي عنها، وبذلك لا يقف تعامل الأطفال عند حد الاهتمام بالأشياء المحسوسة فقط، بل ينتقل تدريجيا إلى الصور والرسوم، ولن يكون أمرا غريبا أن يطلب المعلم من طلابه تصوير موقف ما بالرسم، وشيئا فشيئا يحل الرمز محل الرسم الذي يصور الشيء أو يعبر عن وجوده. ومما لا شك فيه أن تصور الشيء أو التعبير عنه بالرمز يعتبر كلاهما خطوة أساسية لنمو التفكير الرياضي.

ونظرا لصعوبة تعبير الأطفال بالرمز، سنقدم فيما يلي طريقة متدرجة الصعوبة تساعدهم على ذلك:

أ- الإشارة إلى شيء ما يتميز بخاصية معينة :

يستطيع الطفل أن يستخدم ثلاث طرق لتمييز شيء ما من بين أشياء أخرى:

—إما بتلوين هذا الشيء بلون خاص يميزه

—أو يوضع علامة (x) عليه

—أو إحاطة هذا الشيء بدائرة

كذلك يمكن للطفل أن يميز مجموعة أشياء تتسم بخاصية معينة: سواء بربط هـذه الأشياء مع بعضها بواسطة (حبل، خيط، أو مطاطة) أو فصلها عـن بعضـها، أو بإحاطتها بـدائرة إذا كان وضعها يسمح بذلك.

وينبغي أن تسمح التدريبات الحسّية المختلفة في المدرسة بممارسة الأطفال طرق التمثيـل البياني مستخدمين في ذلك (الخيط والحبل والمطاط) في تمييز مجموعـات الأشياء قبـل استخدامهم للخطوط والمنحنيات، وشيئا فشيئا يتعود الأطفال اختيار الطريقة الأصلح للموقف.

- أمثلة

— من بين قطع الخشب الملونة يطلب المعلم من أطفاله تعيين كل من القطع الخشبية الحمراء والزرقاء والصفراء، بحيث يحيط كل مجموعة منها بمطاطة.

وعندما يتمكن الأطفال من تعيين كل مجموعة على حده، يدركون أنه لا توجد بين المجموعات الثلاث قطع تتسم بخاصيتين (لونين) معا.

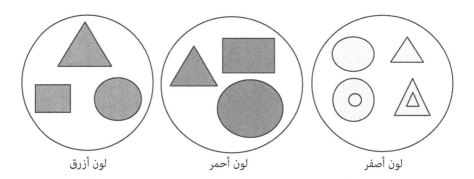

لون أزرق   لون أحمر   لون أصفر

- ويستطيع المعلم مع أطفاله تصنيف قطع الخشب الملونة بطريقة أخرى، عن طريق ترتيبها في أعمدة جدول، بحيث تنظم القطع الحمراء في عمود، والقطع الصفراء في عمود، والقطع الزرقاء في عمود ثالث، ويمكنهم تمييز صفة (لون) كل مجموعة من الأشياء بإحدى طريقتين، الأولى: بواسطة بطاقة تحمل اللون، والثانية: بواسطة نقطة من هذا اللون توضع على رأس العمود الخاص به، ويستطيع الأطفال استخدام هذه الطريقة كلما كانت الخواص التي تتسم فيها الأشياء لا يزيد عن خاصية واحدة فقط.

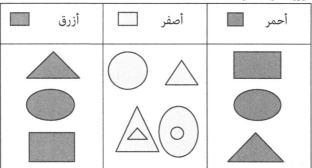

114

أما إذا كانت القطع تتسم بخاصيتين معا، يستطيع الأطفال وضع دائرة حول جميع القطع الحمراء والصفراء والزرقاء المستديرة لتميزها عن القطع الحمراء والصفراء والزرقاء غير المستديرة.

كما يمكن عمل جدول يميز القطع التي تتسم بخاصيتين معا بحيث تكون القطع المستديرة الزرقاء والصفراء والحمراء في الخانات الأفقية للجدول أما القطع الزرقاء والصفراء والحمراء غير المستديرة توضع في الخانة التي أسفلها.

أزرق ■	أصفر □	أحمر ■	
⬤	◯ ◯	⬤	مستديرة
▲ ■	△	■	غير مستديرة

ب- <u>الربط بين زوج من الأشياء توجد بينهما علاقة:</u>

يستطيع الطفل بين (5-6سنوات) استخدام طريقتين للربط بين زوج من الأشياء توجد بينهما علاقة ما :

- إذا كانت الأشياء المراد تصنيفها متحركة(أو واحد منها على الأقل) ويستحسن وضعها بجانب بعضها.

- إذا كانت الأشياء مصورة أو مرسومة، ويفضل وضع دلالة (علامة) معينة لكل عنصر من العنصرين، أو تكوينها بنفس اللون أو الربط بينهما بسهم أو خط يوصل بينهما.

115

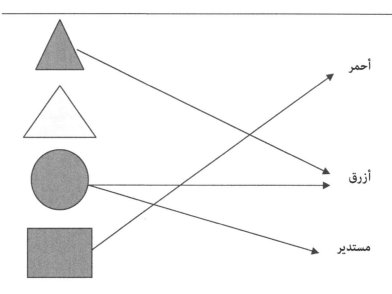

وتعتبر هذه الطرق وسائل جديدة لإبراز الخواص التي تتميز بها الأشياء، كما نستخدم الأسهم في الإشارة إلى التناظر بين الأشياء ومجموعة الخواص التي تتسم بها.

كما يمكن للمعلم أن يدرب أطفاله أيضا على استخدام جدول بمدخلين بحيث تنظم الأشياء في الأعمدة، بينما توضع السمات أفقيا، وفي تقاطع الخط الأفقي مع العمود يكتفي المعلم أو الأطفال بكتابة لفظ (نعم) أو (لا)، كما يمكنه أيضا استخدام دلالة أخرى كعلامة (x) أو (صح)

مستدير	أحمر	أزرق		
لا	لا	نعم		أزرق
نعم	لا	نعم		أزرق
لا	نعم	لا		أحمر
لا	لا	لا		أحمر

والواقع أن جدول هذا النوع يصلح للمعلومات الخاصة بالسمات النوعية للأشياء التي يعبر عنها بالألفاظ (لا، و، أو)

- كما يمكن للمعلم تنظيم مكعبات تبعا لخاصية (أكبر من) تساعدهم في التعبير البياني عن العلاقة بين كل زوج من المكعبات بحيث يرسم الطفل سهما يصل بين المكعب الكبير والمكعب الصغير، أو ترتيبها تنازليا من الأكبر إلى الأصغر.

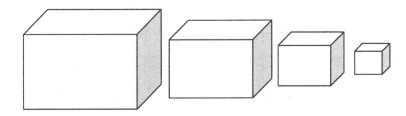

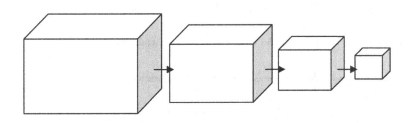

خامسا: المفهوم المكاني

من بين الخواص الحسّية للأشياء المادية المتحركة أو التي يجب على الطفل معرفتها حتى يتمكن من حل مشكلاته اليومية، نذكر خاصية الشكل وخاصية المكان

ويستطيع الأطفال التعرف على الأشكال البسيطة: الدائرة والمربع والمثلث والمستطيل، كما يهتم الأطفال أيضا بالعلاقات المكانية للأشياء مثل (أمام – خلف- فوق – تحت- على – في - داخل – بين) لما في ذلك من أهمية في تعرفهم على البيئة التي يعيشون فيها.

ويفضل إدراك الأطفال لأوضاعهم بالنسبة للأشياء: (فوق الكرسي، خلف الطاولة – أمام الباب- بجانب الشباك-تحت الصورة...) ويفضل إدراكهم للعلاقات المكانية بين الأشياء وبعضها تتحدد معرفتهم (لليمين واليسار) كما يمكنهم إدراك التنظيم المكاني للأشياء.

أمثلة

- يكوّن الأطفال دائرة في ساحة المدرسة، ويترك لبعضهم حرية التجول داخل الدائرة وخارجها، وعند سماع الأطفال الصافرة، على كل طفل أن يقف (أمام) زميل له، ثم تعاد اللعبة بحيث يقف كل طالب (خلف زميله) عند سماع صوت الصافرة.
- يكوّن الأطفال دائرة وتترك لبعضهم حرية الوقوف داخل الدائرة أو خارجها، ثم يطلب المعلم من أطفاله تعيين أسماء

الأطفال الموجودين داخل الدائرة، ثم تعيين الأطفال الموجودين خارج الدائرة.

- يوزع المعلم أوراق بيضاء على أطفاله، ثم يطلب منهم رسم دائرة على الورقة، ثم يطلب منهم توزيع قطع من الخشب الصغيرة مختلفة الأشكال داخل الدائرة وخارجها، ويعين كل طفل أشكال القطع الموجودة داخل الدائرة وخارجها.

- ارسم خطوط مختلفة الألوان بعضها (مقفل) وبعضها الآخر (مفتوح) بحيث تتقاطع فيما بينها، ثم ضع قطع خشب مستديرة عند نقط تقاطع الخط الأخضر مع الخط الأزرق، وضع قطع مربعة الشكل عند نقط تقاطع الخط الأزرق مع الخط الأحمر.

سادسا: المفهوم الزماني

تقع الأحداث اليومية المألوفة مثل (الاستيقاظ، ارتداء الملابس، تناول وجبة الإفطار، الذهاب إلى المدرسة) في أوقات معينة منتظمة، ويساعد هذا التوقيت المنظم للأحداث على وعي الأطفال بمفهوم الزمن.

والملاحظ أن وعي الأطفال بالتتابع الزمني يسبق وعيهم بالمدى الزمني للأحداث ذاتها، كما يسبق وعيهم بالفواصل الزمنية التي تقع بينها، ويتطلب تحديد الفرد لعلاقاته بالعالم الخارجي، تحديده لأوقات الأحداث التي تمر به كما يتطلب منه ربطها بالأحداث الخارجية للبيئة التي يعيش فيها، لهذا ينبغي على المعلم استغلال المناسبات المتعددة التي تصادفهم في حياتهم اليومية في مساعدتهم على إدراك البعد الزمني للعالم الذي يعيشون فيه.

أمثلة

- يطلب المعلم من الأطفال ترتيب الملابس التالية حسب أولوية ارتدائها: (معطف، حذاء، جوارب، فانلة، سترة، قميص، حزام، بنطلون).
- يطلب المعلم من الأطفال ترتيب ملابس (الدُمية) حسب أولوية ارتدائها.
- يطلب المعلم من أطفاله تعيين أسماء المواد اللازمة لصنع الكعكة، ثم ترتيب هذه الأصناف حسب أولوية استعمالها.
- يطلب المعلم من الأطفال ترتيب صور القصة التي سردها عليهم حسب تسلسل أحداثها.
- يطلب المعلم من الأطفال تعيين الأنشطة التي قاموا بها منذ الصباح حتى هذه اللحظة حسب تسلسل وقوعها الزمني.

وعلى المعلم أن يدرك أن ترتيب الأحداث حسب تسلسل وقوعها الزمني لا يعني وعي الأطفال بالمدى الزمني الذي وقعت فيه الأحداث، كما لا يعني بالفواصل الزمنية التي تقع بين الأحداث. ولكن مفهوم الأطفال للمدى الزمني يتطور شيئا فشيئا كخاصية هامة للأفعال أو للأحداث بفضل مقارنة الأطفال لهذه الأحداث بعضها البعض.

أمثلة

- يدرك سامي أن تناوله الحساء الساخن يتطلب زمنا أطول من تناوله كوب من العصير البارد، ويتطلب محمد وقتا أطول

من سامي للذهاب إلى المدرسة، وهذا التقدير يصلح للتقويم الزمني للأحداث.

− إذا طلب المعلم من أطفاله القيام بتنفيذ عمل ما في الصف، وحدد للجميع وقت البدء فيه، تجد أن الطفل الأول الذي أتم عمله قد استغرق وقتا أقل من الطفل الذي أتمه بعده. ولكن من الصعوبة بمكان مقارنة الأطفال لمدى الأحداث التي تختلف مواعيد البدء في تنفيذها.

− والملاحظ أن قراءة الطفل للساعة لا يعني إدراكه أن الساعة في حد ذاتها وحدة قياس زمنية، بل عليه الاسترشاد بالأحداث اليومية التي يقوم بها للتعرف على مواقيتها الزمنية

− يمكن للمعلم ضبط مفتاح تشغيل (زنبرك) نابض بعض الألعاب الآتية مثل: (أرنب يلعب موسيقى على طبلة، عصفور يلتقط الحب، قط يلعب بالكرة...) على أن يبدأ بتشغيل الألعاب جميعها في وقت واحد، ويراقب الأطفال أي اللعب يستمر عملها فترة أطول، ثم يقوم الأطفال بترتيب هذه اللعب حسب المدى الزمني لتشغيل كل منها.

− يعين المعلم طفلين من أطفاله في الصف، يقوم أحدهما بتنظيم خرز في عقد، بينما يقوم الثاني بترتيب صور سمعها، عند إعلان الإشارة المتفق عليها من المعلم.

− أيهما أتم عمله مثل الآخر ؟ لقد أتم الفائز العمل المكلف به في وقت أقصر من الوقت الذي استغرقه زميله الثاني.

– عندما يقارن الأطفال في المدرسة بين طفلين يقومان بنفس العمل مثل قطع مسافة محددة جريا على الأقدام عند إشارة المعلم، يلاحظ أن أحدهما يستغرق وقتا أقل من الوقت الذي يستغرقه الآخر.

وهنا يبرز عامل جديد هو (مفهوم السرعة) الذي على المعلم عدم الخلط بينه وبين مفهوم المدى الزمني للأحداث.

سابعا: ألعاب متنوعة تساعد على تنمية التفكير الرياضي للأطفال

توجد تمرينات مختلفة يمكن للمعلم استخدامها في صورة ألعاب ذات قواعد بسيطة ومنها الألعاب التقليدية: (ألعاب الدومينو، ألعاب التزاوج، ألعب السباق، ألعاب الرسم...) وجميعها تسهم في تنمية التفكير المنطقي والتفكير الرياضي لدى الأطفال لأنها تتطلب تكوين مجموعات من الأشياء، كما يقتضي أيضا إيجاد علاقات بينهما، ويمكن تنمية الاتجاه التربوي لهذه الألعاب باستخدام أوقات متنوعة تسهم في استغلالها بطريقة أشمل وأعم. ومن هذه الألعاب ما يلي:

● <u>ألعاب التزاوج</u> :

– يطلب المعلم من الطفل تجميع زوج من الأشياء الموجودة بحيث يكون أحد الشيئين مناظر للآخر تبعا لقواعد معينة.

– يطلب المعلم من الطفل أن يختار من بين مجموعة الأشياء الموجودة أمامه شيئين متشابهين أو مختلفين عن بعضهما.

- <u>أشياء متشابهة:</u>

يطلب المعلم من الأطفال جمع الأشياء التي لا يوجد بينها أي اختلاف مستخدما في ذلك مجموعتين من الصور المتشابهة.

- <u>أشياء مختلفة :</u>

- يطلب المعلم من الأطفال أن يجمعوا بين زوج من الأشياء بحيث يكون أحد الشيئين مختلفا عن الآخر: في الشكل أو اللون أو الحجم وعلي سبيل المثال: يمكن للطفل أن يجمع قطعتين من الخشب مختلفتين في الشكل ولكن لهما نفس الحجم واللون ومصمتتين.
- كما يمكن للطفل أن يبحث عن قطعتين من الخشب مختلفتين في الشكل ولكن لهما نفس اللون ونفس التفريغ

لذا وفي ظل القواعد التي تحكم اختياره يمكن تجميع دائرة مع مثلث أو مستطيل، بمعنى أن لديه ثلاثة أنواع من التزاوج.

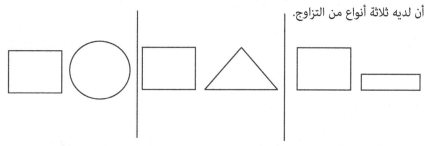

فإذا استخدم الطفل شكلين فقط من الأشكال (المربع والدائرة مثلا) فلن يكون لديه غير واحد كما هو مبين في الشكل

- <u>ألعاب التسلسل البسيط (الدومينو)</u>

يتطلب هذا النوع من الألعاب تجميع الأشياء (واحد لواحد) مع تنظيمها في خط، وليس بالضرورة أن يكون هذا الخط مستقيما.

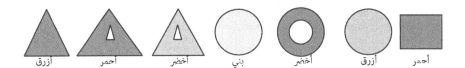

أحمر
أزرق
أخضر
بني
أخضر
أحمر
أزرق

- <u>لعبة الصور:</u>

تتطلب هذه اللعبة اكتشاف الأطفال للشيء المقصود من خلال معرفة بعض مواصفاته. مثل :

يطلب المعلم من الطفل أو اثنين الخروج من الصف حتى يتاح لجميع الأطفال اختيار وتحديد الشيء المراد اكتشافه من الزميلين.

وبعد الاتفاق على تحديد الشيء، يعرضه المعلم على جميع الطلاب ثم يخيفه في مكان آمن بعيدا عن أعين الأطفال، ويسمح بعد ذلك للطفلين بدخول الصف، على أن يوجه كل منهما أسئلة إلى زملائه تساعده على الكشف عن الشيء الذي أجمع الأطفال على اختياره، وعلى باقي الأطفال الإجابة عن الأسئلة بكلمة(نعم) أو (لا) فقط. ولا يصرح للطفلين بإلقاء أي أسئلة من النوع التالي:

(ما لون هذا الشيء؟) ولكن يمكنهما استخدام أسئلة من نوع آخر مثل :(هل هذا الشيء لونه أزرق؟)(هل لونه أحمر؟) ولتحديد عن الأسئلة يضع المعلم قاعدة إضافية إذ ينبغي على الطفلين اكتشاف الشيء المخبأ بأقل عدد ممكن من الأسئلة.

● <u>لعبة طير يا حمام:</u>

يطلب المعلم من الأطفال رفع أيديهم إلى أعلى عندما يتبينوا أن ما يقوله صحيحا لا يحتمل الخطأ. وبهذا يمكنه أن يصف بعض خواص الأشياء المألوفة للأطفال، فإذا كانت الخاصية مطابقة للواقع وصحيحة، رفع الأطفال أيديهم للأعلى، أما إذا كانت الخاصية غير صحيحة ظلوا ساكنين.

<u>مثال:</u>

— الكرة مستديرة(يرفع الأطفال أيديهم إلى أعلى)

— شعر أحمد أسود(يرفع الأطفال أيديهم إلى أعلى)

— الحليب أبيض اللون(يرفع الأطفال أيديهم)

— الحليب لونه أسود(يظل الأطفال ساكنين)

- <u>لعبة الأُسَر:</u>

يلاحظ أن تصنيف الأشياء ذات اللون أو الشكل الواحد يتيح الفرصة للأطفال لتكوين مجموعات أو أسر، ويمكن تعيين اسم كل مجموعة أو أسرة باسم اللون أو الشكل الذي تندرج تحته مجموعة الأشياء.

<u>مثال:</u> يطلب المعلم من الأطفال تصنيف قطع الخشب الموجودة أمامهم تبعا للونها، علما بأن القطع تتميز بثلاثة أشكال مختلفة :-

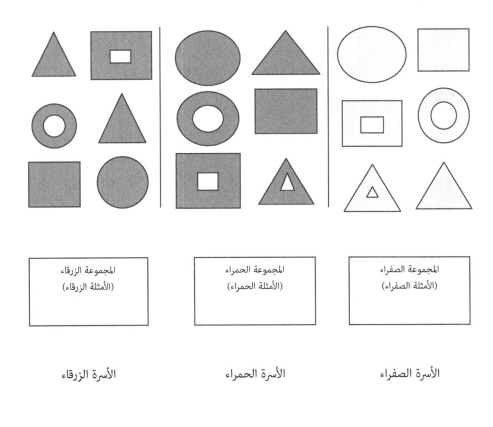

المجموعة الصفراء
(الأمثلة الصفراء)
المجموعة الحمراء
(الأمثلة الحمراء)
المجموعة الزرقاء
(الأمثلة الزرقاء)
الأسرة الصفراء
الأسرة الحمراء
الأسرة الزرقاء

الفصل الرابع

" أسباب تدني تحصيل الطلاب في الرياضيات"

- ❖ نقد المناهج القديمة والتي تؤدي إلى ضعف تحصيل الطلاب في الرياضيات

- ❖ نمو مفاهيم العدد

- ❖ نمو مفاهيم الفراغ

- ❖ نمو مفاهيم القياس

- ❖ نمو مفاهيم المنطق

☒ مقدمة

تعتبر الرياضيات من وجهة نظر كثير من المربين والمهتمين بتدريسها، على أنها أداة مهمة لتنظيم الأفكار وفهم المحيط الذي نعيش فيه وأنها موضوع يساعد الفرد على فهم البيئة الحيطة والسيطرة عليها، وأن الرياضيات تنمو وتزداد وتتطور من خلال خبراتنا الحسّية في الواقع، ومن خلال احتياجاتنا ودوافعنا المادية لحل مشكلاتنا وزيادة فهمنا لهذا الواقع.

وقد أبرز العالم التربوي كلاين(kline) في كتابه المعروف (why Johnny Cant Add) نقده على المناهج التقليدية في الرياضيات وبين المآخذ عليها والتي تؤدي إلى تدني تحصيل الطلاب في الرياضيات وأهمها :

1. التركيز على التدريب الآلي والحفظ، فقد كان هدف المنهاج التقليدي تدريس المهارات الحسابية وحفظ القواعد والنظريات وترديدها من خلال التدريب والتكرار دون التركيز على الفهم والتطبيق.
2. ظهور المفاهيم والحقائق والعمليات والقواعد منفصلة بعضها عن بعض، فكانت فروع الرياضيات المختلفة من حساب وجبر وهندسة وتحليل تدرس بشكل مستقل ومنفصل عن بعضها.
3. عدم مراعاة الدقة والوضوح في التعبير، وعدم توخي الدقة الرياضية الواجب توافرها في المناهج والكتب المدرسية.
4. احتواء المناهج والكتب التقليدية على بعض الموضوعات عديمة الجدوى أو التي فقدت أهميتها وقيمتها.
5. تحاشي المناهج التقليدية وكتبها ذكر البرهان الرياضي إلا في الهندسة.

6. افتقار المناهج والكتب المدرسية إلى عنصر الدافعية والتشويق، فقد كان هدفها الأساسي تدريب العقل، دون الالتفات للقيم الجمالية والفكرية.

7. افتقار المناهج والكتب المدرسية لمواكبة التطورات الحديثة التي تلبي متطلبات العصر وحاجات الأفراد والمجتمع.

8. استخدام الوسائل والأساليب والطرائق القديمة والتي أثبتت عدم فاعليتها في تدريس الرياضيات، والعزوف عن استخدام الأساليب والطرائق الحديثة.

9. عدم إعداد المعلم إعدادا مهنيا كافيا، لذا فإن ضعف المعلم مهنيا ينعكس على تحصيل الطلاب وتدني مستواهم في الرياضيات، لذا فالمعلم الذي لا يستطيع التخطيط لدروسه ولا يستطيع عمل الوسائل التعليمية المناسبة والذي لا يستطيع صياغة الأهداف ومعرفة النتاجات المطلوبة والذي يتبع أسلوبا واحدا في التدريس والذي لم يجرب الأساليب والطرائق الحديثة، كيف له أن يكون معلما ناجحا وكيف له أن يكون قادرا على بناء جيل صالح يخدم نفسه ووطنه ؟؟

❖ وقد آثرت النظريات التربوية الحديثة في التعلم والتعليم تأثيرا ملحوظا في إعادة تنظيم المادة الرياضية وطرق تدريسها، ومن المبادئ التي يجب مراعاتها في هذا المجال ما يلي :

1. التركيز على التعلم القبلي والمتطلبات اللازمة للتعلم الجديد، سواء كان التعلم الجديد مرتبطا بمفهوم معين أو تعميم محدد أو مهارة مطلوبة، لأن هذه المتطلبات تعتبر الجسر الذي يربط التعلم السابق مع التعلم الجديد، وبدونها تبقى هناك فجوة في التعلم تؤدي إلى ضعف وتدني في التحصيل.

2. التعلم عن طريق المشاركة والاكتشاف أكثر من الاعتماد على الطرق التي تعتمد على استقبال الطالب للمعلومات.

3. إن التعلم عملية نامية، لذا لا يتوقع من الطالب أن يستوعب الموضوع الذي يدرسه لأول مرة بشكل كامل، فاستيعابه لهذا الموضوع ينمو بالتدرج تبعا للخبرات الرياضية التي يتفاعل معها في مراحل دراسته، لذا على المعلم أن يتدرج في إيصال المعلومات حسب قدرات وإمكانات طلابه ومستواهم ألنمائي، فأن لا يتعجل إيصال جميع المعلومات إلى الطلاب دفعة واحدة، لأن ذلك يؤدي إلى كرههم ونفورهم من المادة وعزوفهم عن الاستمرار في دراستها.

4. التعلم عملية فردية، فكل طالب يتميز بنمط للتعلم خاص به، ومن هنا يجب أن تلبي الخبرات التعليمية حاجات الطلاب أفرادا وجماعات مع ضرورة مراعاة المعلم للفروق الفردية بين طلابه.

5. ضرورة استخدام مبدأ التعلم الذاتي مع المحافظة على استمرار يته، والتشجيع على عرض مواقف يحللها الطالب بنفسه، ويصل إلى العميمات المطلوبة، كما يجب أن يشجع المنهاج الطلبة على مواصلة دراستهم للرياضيات في المدرسة وخارجها.

6. بما أن التدريب يعزز تعلم المفاهيم واكتساب المهارات، لذا يجب التأكد على إعطاء تدريبات متنوعة بهدف تعزيز الفكرة وعدم الاكتفاء بنوع واحد منها، كما يجب أن لا يتناول التدريب الهدف النهائي فقط، بل يجب أن يتناول كذلك المكونات الأساسية له.

نمو مفاهيم العدد

لقد بين العالم بياجيه أن الطفل لا يعرف ما هو مفهوم العدد قبل أن يتعامل بطريقة عملية وحسيّة بعلاقات الترتيب، الحيّز أو الكم الفئات المتكافئة(المتساوية) والتناظر الأحادي.

ويكون حكم الطفل في هذا السن مرتبطا بما يراه ويشاهده ويحسّه، وقائما على المقارنة بالحيّز أو الطول، أمّا الحكم على تساوي العدد أو الفئات المتكافئة فلم يُستخدم، كما أن التناظر الأحادي لم يتكون بعد في ذهنه.

وفي سن (5-6سنوات) يبدأ التناظر الأحادي بالتكون في ذهن الطفل، ولكنه يكون مرتبطا بالظواهر الحسّية الملموسة والمحسوسة.

- وفيما يلي بعض النقاط التي يمكن الاستفادة منها واستخلاصها من دراسة نمو مفاهيم العدد والتي يمكن الاستفادة منها في التدريس وعندما نتطرق إلى دراسة العَد والعدد والعمليات الحسابية فيما بعد.

1. إن نمو المفاهيم الأساسية للعدد لا تأتي من خلال التمرين أو التدريب اللغوي بل على العكس، فقد يؤدي ذلك إلى إكسابه مهارة، ولكن فهم وتكوين تركيب المفهوم في عقل وذهن الطالب يجب أن يأتي أولا.
2. يتعلم الطفل حل المسائل والتمارين (المشكلات) عن طريق إدراكه الحسّي- ثم عمل عمليات على أشياء غير مجردة (محسوسة وملموسة)، ثم يحللها بطريقة مجردة (غير

محسوسة)، لذا ففي المراحل الأولى لتعلم الطفل في المدرسة يجب أن يتعلم الأشياء والمفاهيم عن طريق الأشياء المحسوسة والملموسة والأنشطة والعمل الذاتي الموجه والمخطط له تخطيطا دقيقا وسليما.

3. إن تعلم معنى العدد ليس بالسهولة أو بالسرعة التي يظنها الناس، فالطفل العادي لا يستطيع فهم معنى العدد قبل سن السادسة والنصف أو السابعة. وكم تكون سعادة الأب والأم عندما يرون طفلهم الذي لم يتجاوز الثلاث أو الأربع سنوات يستطيع العد حتى عشرة أو عشرين أو ثلاثين ويفتخرون بهم أمام الأهل والأصدقاء ولكنهم لا يدركون أن طفلهم لا يفهم معنى ثلاثة أو عشرة أو عشرين ولكن يقوم بالعد بطريقة آلية فقط !!

4. لا يستطيع الطفل أن يصل إلى الفهم الكامل لمفهوم العدد قبل أن يتحرر من خواص وعلاقات الإدراك الحسّي، وعلى هذا فإن الطرق التي تساعد على تحرير الطفل من هذه الأشياء هي التي تساعد على سرعة التعلم وليست الطرق التي تركز عليها.

5. تتوقف قدرة الطفل على فهم مفهوم العدد على ما يحيط به وما يقوم به من تجارب واستكشاف لما حوله.

6. لا يجوز تقديم أي قوانين أو قواعد رياضية مجردة لطفل لم يصل نموه العقلي إلى ما قبل مرحلة العمليات الملموسة (سن11)، لأن قدرة الطفل حينذاك لا تساعده على فهم مثل هذه القواعد حتى إذا استخلصت من أشياء ملموسة.

7. يستحسن أن يكون فهم الطفل لطبيعة العدد ناتجا من لعبه واكتشافاته لأن ذلك يجب أن يتبع في اكتشاف الطفل لخصائص النظم العددية والعلاقة بينها، أي أن يكون ذلك عن طريق اكتشافاته للأنماط المختلفة مثل لعبة بالأعداد وتكوينه لبعض النظم.... وهكذا.

<u>نمو مفاهيم الفراغ :</u>

إن مفهوم <u>العدد</u> هو مفهوم مركب مبني على مفاهيم أولية بسيطة خاصة بالترتيب والفئة والتناظر الأحادي... وغيرها من المفاهيم البسيطة...

وقد بين العالم (بياجيه) أن المفاهيم الأساسية للهندسة الأقليدية والتي ندرسها منذ أجيال طويلة هي مفاهيم مركبة يصعب على الطالب الصغير استيعابها قبل التمهيد لها بمفاهيم أبسط مثل: السطح المقفول، الجوار، الداخل، الخارج... الخ.

أما بالنسبة <u>لمفاهيم التشابه</u>، فقد وجد العالم (بياجيه) أن مفهوم التشابه لطفل في <u>المرحلة الأولى</u> لا يعني له شيء، إلا من الوجهة التوبولوجية (الأشكال المتشابهة المستوية كلها منحنيات بسيطة مقفلة)

أما في <u>المرحلة الثانية</u>($\frac{1}{2}$ 4- $\frac{1}{2}$ 6 سنة)، فتبدأ فكرة التشابه في الظهور، ولكن بصورة سطحية، أي أن الطالب في هذه المرحلة يستطيع أن يفرق بين المربع والمستطيل، ولكن إذا طلب منه أن يرسم مستطيلا يشابه نموذج لمستطيل أمامه، فإنه يبالغ في استطالة المستطيل (يزيد من طوله)، لأنه لا تكون لدى الطفل

134

فكرة عن محاولة مقارنة الأضلاع، أو قياسها، لذا يظهر مفهوم التشابه بين المثلثات عن طريق الأضلاع المتوازية فقط، بينما التشابه عن طريق الزوايا فيظهر في مرحلة متأخرة.

ويلاحظ أن الأطفال في المرحلة الثالثة العمرية يأخذون في الحسبان عاملا واحدا مثل ارتفاع أو طول أو قاعدة الشكل (مثلث مثلا) عندما يحاولون مشابهة الشكلين.

أما في المرحلة العمرية الرابعة فقط، يستطيع الطفل أن يرتب العلاقات في أنظمة ثابتة بحيث يكون لكل علاقة معكوس. وتصبح للعلاقة خاصية الانتقال، ولا يؤثر عليها عوامل إدراكية حسّية كما في الراحل السابقة إلا أنه هنا يكون فهم الطفل للعلاقات الأقليدية بسيطة.

- ## كيف يستفيد المعلم من دراسة نمو مفاهيم الفراغ في التدريس؟

1. وجوب إدراك المعلم للفئات العمرية وخصائصها وقدرات الطفل في كل مرحلة، حتى يتمكن من إيجاد المسائل والتمارين والأنشطة المناسبة لكل فئة عمرية حسب خصائص كل مرحلة وحتى يتدرج في المفاهيم حسب قدرات طلابه، وحتى يتمكن من تحقيق النتاجات المطلوبة بيسر وسلاسة ودون تعقيد.

2. وجوب إشراك الطفل عن طريق اللعب وأسلوب الاستكشاف والأنشطة الحسّية الملموسة في استخلاص مفاهيم الفراغ.

3. إعطاء الطفل بعض المفاهيم الأولية المبسطة في التوبولوجي(الأشكال المتشابهة المستوية كلها منحنيات بسيطة مقفلة)، والهندسة الإسقاطية(المستوية والمجسم) قبل إعطاء العلاقات الأقليدية

<u>نمو مفاهيم القياس</u>

إن الطفل يمر بمراحل تكون فيها فكرته مشوشة عن علاقات الأطوال والمسافات إلى مراحل تتبلور فيها مفاهيم القياس حتى يستطيع عمل وسائل يقارن بها الأطوال والمساحات والحجوم...

ومن التجارب الشيقة في دراسة نمو <u>مفهوم الطول</u> تجربة للعالم (بياجيه) استخدم فيها نموذج البرج مكون من كتل خشبية على منضدة، ويوضع عدد آخر من كتل خشبية وشرائط من الورق والعصي على منضدة أخرى، ويطلب من الأطفال عمل برج من هذه الكتل له نفس ارتفاع البرج الأول، وعندما ينتهي الطفل من عمل البرج، يسأل عما إذا كان البرجان لهما نفس الارتفاع... ؟

وقد وجد بياجيه أن الأطفال في مرحلة النمو الأولى يقارنون <u>بالنظر</u>، أما في المرحلة الثانية فهم يستخدمون <u>أيديهم</u> ليقربوا بين البرجين، وفي نهاية المرحلة الثانية يستخدمون <u>ارتفاع كتفهم</u> أو <u>أذرعهم</u> كوسيط بين البرجين.

أما في المرحلة الثالثة فيستطيعون استخدام شيء (عصا) مثلا له نفس ارتفاع البرجين ليقيسوا به.

وهنا يكون الأطفال قد استوعبوا أنه إذا كانت :

أ=ب، ب= ج فإن أ=ج

إلا أنهم وحتى هذه المرحلة لا تكون لديهم فكرة كاملة عن وحدة القياس ففي بداية المرحلة الثالثة من(7-12) يستطيع الطفل أن يقارن بين البرجين باستخدام عصا طويلة بأن يعّلم عليها ارتفاع أحد البرجين، إلا أن الطفل لا يستطيع القيام بهذه المقارنة باستخدام عصا قصيرة.

أما قدرة الطفل على استخدام وحدة القياس فتظهر في نهاية المرحلة الثالثة (11-12سنة) عندما يظهر مفهوم حفظ الطول، أي عندما يفهم الطفل أن الطول لا يتغير بتغير الموضع، وكذلك لا يتغير ارتفاع البرج إذا تغيرت طريقة قياسه، وعندما يفهم أن الطول يمكن أن يجزأ إلى أطوال أصغر، أي يتكون من تجميع أطول أقصر.... وفي تجارب أخرى تبين أن الطفل ابتداء من المرحلة الثالثة (7-12سنة) يكون واعيا بخاصية التماثل للمسافات أي أن :بعد البيت عن المدرسة هو نفسه بعد المدرسة عن البيت أي أن بعد س عن ص هو نفسه بعد ص عن س.

أما بالنسبة لنمو مفاهيم المساحات فقد ظهر من التجارب أن الطفل لا يستطيع فهم حساب المساحات المستطيلة قبل المرحلة الرابعة خاصة(11سنة)، فقد يستطيع الطفل في أوائل المرحلة الثانية أن يقوم بتعداد وحدات من المربعات الصغيرة التي تحتويها مساحة معينة والتي تحتويها مساحة أخرى، ولكنه لا يستطيع أن يميّز أي المساحتين أكبر.

أما في الجزء الثاني من مرحلة النمو الثالثة، فإن الطفل يصبح قادرا على إيجاد المساحة بواسطة استخدام وحدة القياس، ولكنه قبل

المرحلة الرابعة لا يفهم معنى حاصل الضرب في إيجاد مساحة المستطيل (مثلا)لأنه يتوقف على نمو المنطق في المرحلة الرابعة.

- <u>كيف يستفيد المعلم من نمو مفاهيم القياس في التدريس:</u>

1. إن الدراسة التقليدية للقياس تنصب على إعطاء القوانين التي لا تتمشى مع نمو مفاهيم القياس، لذا يجب أن يعتمد تدريس القياس على التمهيد لمفاهيم القياس عن طريق إشراك الطلاب في أنشطة وألعاب متعلقة بالقياس مثل(عصا مستقيمة، مستطيلات، كميات من الماء، طين، معجون... الخ)حتى يستطيع الطالب أن يدرك:

- علاقة التكافؤ هي: (طول يطابق طول آخر، مساحة تطابق مساحة أو تكافئ مساحة أخرى...)

- علاقة > وهي علاقة أكبر أو عكسها علاقة > أصغر من

- العملية: وهي تمثل تجميع طولين ليكون طول أطول

- أو تجميع مساحتين لتكوين مساحة أكبر

- أو تجميع وزنين معا لتكوين وزن أكبر

2. استخدام الأجهزة والوسائل المحسوسة والملموسة باستمرار وذلك لاستخلاص مفاهيم الطول والوزن والمساحة مثل استخدام العصي والقضبان البلاستيكية المستقيمة والمستطيلات والاسطوانات والمجسمات المختلفة الأشكال والألوان...

3. تقديم الأعداد القياسية على أنها وسيلة قياس، بحيث يمكن إيجاد أي طول بأن ننسبه إلى الفئة المتكافئة من الأطوال أو(اختيار فصل متكافئ على أنه وحدة طول)

نمو مفاهيم المنطق

لقد أثبتت التجارب التربوية الخاصة بمفاهيم الأعداد وغيرها، أنه في مرحلة العمليات الملموسة. تأخذ العمليات صفة العكسية (المعكوسة) وصفة الحفظ، ولقد رأينا أن لهذه العمليات أثر بالغ في تكوين مفاهيم العدد والقياس والعلاقات الفراغية.

ومع أن هذه العمليات المحسوسة تدخل ضمن منطق الفصول والعلاقات إلا أنها لا تأخذ في الحسبان التجميعات (التبادل والتوافق)الممكنة. وقد تبين لدينا أن العمليات المحسوسة لا يمكن أن تكون مجردة لأنها لا يمكن أن تنفصل عن المادة (الأشياء الحقيقية)من جهة، ومن جهة أخرى لأنها غير مركبة، إذ أنه بواسطة هذه العمليات يمكننا أن نصنّف أو نرتب أو نعمل تناظرا أحاديا، ولكننا لا يمكن تركيبها لتكون تركيبا كليا.

أما في المرحلة الرابعة للنمو(11-15سنة)وهي مرحلة العمليات المجردة، فإن منطق الطفل البالغ يختص بالفروض عنها بالأشياء، وتتكون في هذه المرحلة العمليات المنطقية مثل :

عملية التضمين(أي ←)

الربط (أي 7)

139

الضرب المنطقي (أي 8)

وهذه العمليات تختص بالبرهنة والاستنتاج والاستدلال، وليست مثل العمليات المحسوسة التي تختص بوصف العلاقات بين الأشياء، وهذه المرحلة تتضمن ظهور ما يلي :

1. منطق الفروض: وهو تركيب مجرد ومستقل عما يحويه، وهو أيضا تركيب عام ينسق ويوافق العمليات المنطقية إلى نظام واحد وهو يناظر منطق الرياضيات وبخاصة منطق الجبر أو التركيبات الرياضية

2. سلسلة من العمليات مستقلة عن منطق الفروض، ومستقلة بعضها عن بعض مثل عمليات التجميع (التوافق، التباديل...) وعمليات النسبة وعمليات الاتزان الميكانيكي الخاصة بمساواة الفعل ورد الفعل.

• <u>كيف يستفيد المعلم من دراسة المنطق في التدريس :</u>

1. تقديم التركيبات الرياضية القائمة على النظام البديهي في المرحلة الإعدادية والثانوية في السنوات الأخيرة مثل الهندسة الفراغية، المجموعات والتركيبات الجبرية والمنطق الرياضيِ.

2. تقديم المنطق الرياضي يؤدي إلى فهم التحليل الرياضي وطبيعة البرهان، حيث بينت التجارب التربوية أن الطالب في سن أل(15سنة) والذي لم يقدم له المنطق الرياضي، يجد صعوبة في فهم الصيغ ويصبح غير متعود على البرهنة.

- <u>نصائح عامة لتدريس الرياضيات</u> :

1. إدخال طرق وأساليب مثل الاكتشاف، التدريس عن طريق النماذج، الأجهزة، ميكنة التدريس، التدريس المبرمج، الاستعانة بالحاسوب والأجهزة العلمية الحديثة، وهي تختص بزرع المفاهيم كخطوة أولى ثم إكساب الطالب المهارة المطلوبة.

وقد أثبتت التجارب أن أي مادة يتم تدريسها عن طريق التركيبات له أهمية لما يأتي :

- المساعدة على فهم المادة وأخذ فكرة كلية عنها

- المساعدة على التذكر، لأن الفرد في البداية يأخذ فكرة عن التركيب ككل وليس على مكوناته منفصلة بعضها عن بعض.

- المساعدة على نقل آثار التعليم.

- يمكن إعطاء طفل المرحلة الابتدائية المفاهيم التي كانت تعطي لطلاب المرحلة الثانوية إذا قدمت للطالب بطريقة غير مجردة(محسوسة وملموسة) أي استخدام الأشياء المحسوسة والملموسة والأجهزة لاستخلاص هذه المفاهيم عن طريقها، ومن هذه المفاهيم -:

  – المعادلات: عن طريق الموازين...

  – المتجهات: عن طريق أطباق وفناجين...

  – الأعداد: عن طريق قضبان، عيدان، مكعبات....

1. إن التعليم يستمر في دورات متعاقبة، كل دورة منها تتكون من ثلاث مراحل هي: <u>التكوين والبناء ثم التحقيق</u>

وهنا تظهر أهمية اللعب كنوع من التعلم الفعّال، وأهمية التركيب المحسوس والذي يسبق عملية التحليل.

2. على المعلم أن يضع في ذهنه متطلبات المجتمعات النامية والمتقدمة، بحيث يكون هدفه من تدريس الرياضيات إعداد جيل قادر على عمل أشياء جديدة (الاختراع، الاكتشاف، التجديد، التطوير، الاستنباط)

3. أن لا يكون هدف المعلم زيادة كمية المعلومات لدى الطالب فقط، ولكن العمل على مساعدة الطفل بكل الطرق الممكنة ليخترع ويكتشف بنفسه، وذلك بخلق الظروف وتوفير الإمكانات التي تساعد عل ذلك.

الفصل الخامس

مراحل تعلم الرياضيات

الاستعداد للتعلم :

إن توفير ظروف وإمكانات وشروط الاستعداد للتعلم يسهم كثيرا في توفير تعلم ذو معنى وإلى زيادة تحصيل الطلاب وإلى انتقال أثر التعلم ودوامه لفترة أطول وإلى نقل خبرات التعلم إلى الحياة، فالتعلم الذي يؤدي هذه الوظائف يشعر الطالب بأن التعلم الذي يقوم به يخاطب حاجاته واهتماماته العقلية ويضفي معانٍ قوية على ما يكتسبه الطالب نتيجة مروره بهذه الخبرات.

أما ما يدفع الطالب إلى تعلم لا طاقة له به، أو يشحن عقولهم بمعلومات لا تناسب نضجهم ولا تتمشى مع خبراتهم ولا تخاطب حاجاتهم ولا اهتماماتهم ، فإنها حتما تؤدي إلى إحباط الطالب وإلى شعوره بأن التعلم الذي يقوم به لا معنى له والذي يؤدي بالتالي إلى عدم اهتمام الطالب بما يتعلمه وتكون النتيجة ضعف في تحصيل الطالب وإلى كرهه لمادة الرياضيات.

ويقصد بالاستعداد للتعلم المدرسي، هو بلوغ الطفل المستوى اللازم من النضج الجسمي والعقلي والانفعالي والاجتماعي الذي يؤهله بالالتحاق بالمدرسة،ويتأثر هذا الاستعداد بما يوفره المنزل والمجتمع للطفل من فرص لاكتساب خبرات مناسبة، لذا فالمناهج والكتب المدرسية بمادتها وطريقة عرضها. وأساليب وطرائق وأدوات التقويم المناسبة، كلها تعد مشتركة في إنجاح عملية التعليم.

لذا فالاستعداد للتعلم، هو مقدرة المتعلم أو قابليته لتعلم شيء أو اكتساب أنواع من التعلم أو المهارات أو الكفايات بعد فترة من التدريب تعده لتعلم شيء جديد.

أما القدرة على التعلم، فتتمثل في استطاعة الفرد القيام بالأعمال في تلك اللحظة القائمة، سواء كان ذلك بتدريب سابق أو بدون تدريب لذا يتحدد الاستعداد للتعلم بعاملين هما.

1. النضج

2. الخبرة السابقة

أما الاستعداد التطوري للتعلم، فهو الحد الأدنى من مستوى التطور المعرفي عند المتعلم، والواجب توفره حتى يكون مستعدا لتعلم موضوع معين بسهولة وفعّالية، ودون مضاعفات أو متاعب انفعالية، وهذا الاستعداد يختلف من طالب إلى آخر أمام الموضوع الواحد، كما يختلف مع الطالب الواحد من موضوع إلى آخر.

ويرى علماء التربية أن التطور المعرفي للفرد هو نتيجة لتفاعل الفرد مع بيئته، حيث يتعلم الفرد من هذا التفاعل بالإضافة إلى الخبرات المباشرة وكيفية تفاعله مع هذه البيئة فيكتسب أنماطا جديدة في التفكير يدمجها في تنظيمه المعرفي.

ويفسر العالم (بياجيه) النمو المعرفي على أساس عمليتين هما:

1. الاستيعاب: حيث يقوم الطالب في هذه العملية بفهم واستيعاب الأشياء والعالم المحيط به فيكوّن لها نموذجا في ذهنه، أو يدمجها في بناءه العقلي أو التركيب الموجود لديه .

2. التكيف: وفي هذه العملية يقوم الطالب بتعديل وتكييف هذا النموذج طبقا للخبرات التي يمر فيها، ليواجه بهذا التعديل متطلبات البيئة.

فمثلا عن طريق الاستيعاب يكوّن الطالب صورة للأعداد، ويعدل بهذه الصورة عند يتعرض للتعامل مع الكسور والأعداد السالبة والأعداد الحقيقية.

مما سبق نستنتج أن التطور المعرفي ليس كميا في الدرجة الأولى بل هو تطور كيفي في أساليب التفكير ووسائله، وهذا التطور يخضع لتتابع متدرج في مراحل النمو المختلفة للطالب والتي تعرضنا لها في فصل آخر من هذا الكتاب.

وسنتطرق في هذا الفصل إلى بعض أساليب وطرائق تعلم الرياضيات حتى يستنير بها المعلم في اختيار ما يناسبه ويناسب طلابه منها في تحقيق الأهداف والنتاجات التعليمية المطلوبة.

أسلوب حل المشكلات :

إن حل المشكلات هو نشاط فردي يقوم به الطالب، ويستخدم به المبادئ التي تعلمها والتي ينسق فيما بينها لبلوغ هدف معين، لذا فإن الأسباب الرئيسية لتعلم المبادئ هو استعمالها في حل المشكلات، لذا فإن حل المشكلات هو امتداد طبيعي لتعلم المبادئ والقواعد، ولكن حل المشكلات ليس فقط تطبيق القوانين التي تعلمها الطالب ولكنه أيضا عملية تنتج تعلما جديدا، فعندما يوضع الطالب في مشكلة ما، فإنه يحاول استدعاء القوانين والمبادئ التي تعلمها سابقا في محاولة لإيجاد حل مناسب لهذه المشكلة بحيث يقوم بعمليات تفكيرية فيجرب عددا من الفروض ويختبرها، وعندما يجد ترابطا خاصا لهذه القوانين ملائما للموقف فإنه يحل هذه المشكلة ويتعلم كذلك شيئا جديدا لأن ما ينتج من حل المشكلات هو استراتيجيات تتميز بقابليتها للانتقال الواسع.

وتعتبر مهارة مواجهة المشكلات والتصدي لها ومحاولة حلها من المهارات الأساسية التي ينبغي أن يتعلمها الإنسان العصري، ويعد حل المشكلات أسلوبا تعليميا راقيا وبخاصة في هذه العصر كثير المتغيرات وتشابكها، والمشكلات متعددة الأنواع فمنها المشكلات الشخصية الذاتية، والمشكلات الاجتماعية العلائقية، والمشكلات التعليمية أو المشكلات المعرفية .

وقد اختلف المختصون في تعريف المشكلة كل حسب نظرته الخاصة إليها، ولكن يتفق الجميع على أن المشكلة هي هدف يصعب تحقيقه، أو وضع أو موقف له أهداف ولكن هناك ما يعيق تحقيقه، أي أن المشكلة موقف يحتاج إلى حل، أو أنها حالة يشعر فيها الطالب أنه أمام موقف أو سؤال محيّر يجهل الإجابة عنه ويرغب في معرفة الإجابة الصحيحة والوصول إليها. لذا فإن الغرض الأساسي من طريقة حل المشكلات هو مساعدة الطلبة على إيجاد الحلول للمشكلة التي تواجههم بأنفسهم والوصول إلى حلها، لأن نجاح الطلبة في معالجة المشكلات والمواقف وحلها، سوف يهيئ الطلبة للنجاح في معالجة القضايا والمشكلات التي تصادفهم في حياتهم .

وإن طريقة التقصي والاكتشاف تتطلب(موقفا مشكلا) أو سؤالا تفكيريا، يثير تفكير الطالب ويتحدى عقله بحيث يقوده إلى البحث والتقصي والتساؤل وجمع المعلومات والتفسير والاستنتاج والتجريب للوصول إلى الحل المطلوب .

كذلك فإن طريقة حل المشكلات تتمشى مع الاتجاهات الحديثة في التدريس، حيث يتلخص هذا الأسلوب في اتخاذ إحدى المشكلات التي تتصل بموضوع الدراسة محورا لها ونقطة بداية، ومن خلال

التفكير في حل هذه المشكلة وممارسة أنواع النشاط التعليمي المختلفة مثل(جمع المعلومات وإجراء التجارب وتحليل النتائج...) يكتسب الطالب المعارف والمعلومات، ويتدربوا على أسلوب التفكير العلمي وبعض المهارات العقلية والعملية المفيدة والتي تحقق وظيفة التعلم(المعارف والمهارات) فتحصيل المعرفة والمهارات هنا يتم في موقف وظيفي ليحقق حل المشكلة .

ويقترح الأدب التربوي على المعلم أن يراعي في اختيار المشكلات والمواقف والأسئلة المبحوثة والتي تتخذ محورا للدراسة والبحث عن حلول لها أن تراعي عدة أمور :

1. أن يحس الطالب بأهمية المشكلات (المواقف والأسئلة) المبحوثة، كأن ترتبط المشكلات والأسئلة بحاجة الطالب واهتماماته أو بحاجات مجتمعه، لذا على المعلم أن يوفر لطلابه المشكلات الواقعية المنتمية لحاجاتهم والأهداف التعليمية المخططة .

2. أن تكون الأسئلة والمشكلات المبحوثة في مستوى تفكير الطالب وقدراتهم ومن النوع الذي يستثير اهتمامهم وتتحدى قدراتهم بشكل معقول وتخلق لديهم الحافز القوي إلى حلها في إطار الإمكانات والقدرات المتوفرة.

3. أن ترتبط هذه المشكلات والمواقف والأسئلة بأهداف الدرس، بحيث يكتسب الطالب من خلال حلها، الحقائق والمفاهيم والمبادئ والمهارات والمعارف والاتجاهات والميول ..... وغيرها من أوجه التعلم المرغوبة في الدرس والتي تم التخطيط لها على شكل أهداف ونتاجات تعليمية مرغوبة.

4. أن يتأكد المعلم بأن طلابه يمتلكون المهارات والمعلومات الأساسية (المتطلبات الأساسية) التي يحتاجون إليها لحل المشكلة أو المسألة قبل شروعهم في ذلك، سواء أكان ذلك مرتبطا بأساليب واستراتيجيات الحل، أو بعناصر المشكلة ومتطلباتها الداخلية .

5. أن يستخدم المعلم التقويم التكويني المتدرج النامي، لتقويم عمل طلابه، مع تزويدهم بتغذية راجعة هادئة حول أدائهم وتقدمهم نحو الحل.

6. أن يوفر المعلم المواقف التعليمية التي توفر للطلاب فرص التدرب العملي المناسب على حل المشكلات،وتزويدهم بعدد مناسب من المشكلات والأسئلة الجديدة المنتمية للحاجات والأهداف.

خطوات حل المشكلة :

لقد اتفق علماء التربية على العناصر الأساسية المشتركة التالية في الطريقة العلمية لحل المشكلات وهي :

1. الشعور(الإحساس) بالمشكلة والحاجة الماسة إلى حلها، وهذه الخطوة تشمل على تحديد الهدف الرئيس على هيئة نتاج متوقع من الطلاب، مع وجود عائق يعوق ويحول بين المتعلم وتحقيق هذا الهدف، أي على المتعلم أن يعرف ما يريد ويعرف ما يعيق إرادته، وبذلك يمكن القول أن إحساسا بالمشكلة قد حصل .

2. تحديد المشكلة وصياغتها في صورة(إجرائية) قابلة للحل، إما في صيغة سؤال (موقف مشكَل) أو في صورة تقديرية. وفي هذه الخطوة يصف المتعلم أو يعبر عن طبيعة مشكلته وعناصرها وحدودها ومجالها وحجمها بجملة تقريرية مختصرة، أو على هيئة سؤال يتطلب البحث عن الحل.

3. جمع البيانات والمعلومات ذات الصلة بالمشكلة أو السؤال المطروح ووضع أفضل الفرضيات (التفسيرات) لحل المشكلة أو السؤال المطروح. وفي الخطوة الثالثة يبحث الطالب عن الحل لهذه المشكلة باقتراح الأبدال الممكنة ونسمي هذه الأبدال(بالفروض) والفرض ما هو إلا حل يحتاج إلى تطبيق. وحى يستطيع الطالب اقتراح الأبدال والفروض لا بد له من تحليل المشكلة أو السؤال وجمع المعلومات والبيانات المتصلة فيها من حيث أسبابها والعوامل المؤثرة فيها، أي أن الأبدال والفروض تنطلق في العادة من الأسباب الكافية وراء المشكلة، وبتحويل السبب من جملة استفهامية إلى جملة خبرية .

4. اختيار الفرضية المناسبة واختبارها بأية وسيلة علمية. وفي هذه الخطوة يختار الطالب الحل المناسب من بين الأبدال الممكنة أو الحلول الكثيرة المطروحة، بحيث يختار الطالب أكثر الأسباب تأثيرا وأسهلها حلا لا سيما إذا لم تكن لديه الإمكانات والقدرة لحل كل الأسباب.

5. تنفيذ الحل وتجربته وتقويمه، أي الوصول إلى حل المشكلة أو السؤال قيد البحث.

وفي هذه الخطوة يقوم الطالب بتنفيذ الحل أو الحلول المقترحة واختبار صحتها (تقويمها), أي أن الطالب في هذه الخطوة يقوم بالتطبيق العملي للحل وتجربته في الواقع المشكل, وتدوين ملاحظاته على النتائج التي توصل إليها.

6. استخدام (الفرضية) والحلول التي تم التوصل إليها للتعميم في مواقف أخرى مشابهة.

وبعد التأكد من صحة الحل وتجريبه والتأكد من نجاحه يمكن استخدامه في حل مشكلات ومسائل وقضايا أخرى واستخدامه في الوصول إلى حلول مناسبة لها.

استراتيجيات حل المشكلة :

في ضوء خطوات حل المشكلة التي عرضناها في الصفحات السابقة والشروط الواجب توافرها, هناك بعض الاستراتيجيات التي يمكن إتباعها في أسلوب حل المشكلات التعليمية أو ما يسمى بالمشكلات المعرفية. وهي:

1. ضرورة تقديم أو طرح المشكلة على هيئة سؤال شفوي أو مكتوب .

2. تكليف الطلاب طرح الحلول التي يتصورونها وخطواتها، وتعويد الطلاب طرحها بشكل منطقي، والاستماع إلى الاستجابات وتسجيلها.

3. تزويد الطلاب بتغذية راجعة هادئة ومستمرة بعد كل مرحلة من العمل.

4. توجيه الطالب بحيث يصحح مساره ذاتيا في ضوء التغذية الراجعة، وتعديل خطأه إلى أن تتطابق مع الخطوات المنشودة .

5. ضرورة تزويد الطلاب بتلميحات حول الخطوات اللاحقة بعد اجتياز الخطوات الناجحة.

6. استمرار تعزيز عمل الطالب وتشجيعه على مراجعة الخطوات التي اتبعها، ثم إعطاء مشكلات مشابهة لتطبيق الاستراتيجيات التي توصل إليها في حل المشكلات.

التعلم بالاكتشاف :

يعتبر أسلوب التعلم بالاكتشاف من أكثر طرق التدريس فاعلية في تنمية التفكير العلمي لدى الطلاب لأنه يتيح الفرص أمام الطلاب لممارسة طرق العلم وعملياته ومهارات التقصي والاكتشاف بأنفسهم، لأن الطالب من خلال هذا الأسلوب يتحول إلى (عالِم صغير) في بحثه واستقصائه وتوصله إلى النتائج، كأن يحدد المشكلة ويكوّن الفرضيات ويجمع المعلومات ويلاحظ ويقيس ويقارن.... ثم يتوصل بنفسه إلى النتائج. كما أن هذه الطريقة تؤكد على استمرارية التعلم الذاتي وبناء الطالب من حيث ثقته بنفسه وشعوره بالانجاز واحترامه لنفسه وزيادة مستوى طموحه وتطوير اتجاهاته العلمية ومواهبه الإبداعية بحيث تجعل الطالب يفكر وينتج مستخدما معلوماته وقابليته في عمليات تفكيرية عقلية وعملية تنتهي بالوصول إلى النتائج. لذا يتحول المعلم في هذه الطريقة من دور الملقن إلى دور الموجه والمرشد والمولد للمعلومات لدى الطلاب .

وقد احتلت طريقة التعلم بالاكتشاف مكانة خاصة في الآونة الأخيرة لدى المعلمين والمربين وبوجه خاص لدى المهتمين بمناهج

وكتب وأساليب تدريس الرياضيات.والاكتشاف قد يكون أسلوبا من أساليب التدريس أو طريقة من طرق التعلم.

لذا فالتعلم بالاكتشاف هو أسلوب في التعلم يمكن أن يصف أي موقف تعلمي يمر فيه المتعلم، ويكون فيه ناشطا، ويتمكن من إجراء بعض العمليات التي تقوده للوصول إلى مفهوم أو تعميم أو علاقة أو حل مطلوب

ومن الصور أو المعاني أو الممارسات التي تأخذها هذه الطريقة ما يلي :

1. الوصول إلى مفهوم أو تعميم بعد أن يكون الطالب قد اطلع على مجموعة من الأمثلة أو الحالات الخاصة بذلك المفهوم أو التعميم، بحيث يؤدي ذلك بالطالب إلى اكتشاف المعنى أو التوصل إلى التعميم المتضمن فيها. فالطالب في هذه الحالة يتعرض لسلسلة منظمة ومتتابعة من الأسئلة والأمثلة والتدريبات التي تجعله واعيا للمفهوم أو التعميم الذي تتضمنه هذه المواقف، ويفضل عدم الإشارة بوضوح إلى القاعدة المتضمنة أو إعطاء تفسير لها أو ذكرها في المراحل الأولى من تعلم المفهوم أو القاعدة، بل يتم مواجهة الطالب بالخبرات والمواقف التي تزوده بالوعي أو الاستيعاب للمعنى المتضمن، ويطلب منه تقديم الحلول وإعطاء تفسير للظاهرة أو الحالة مجال الدراسة .

2. أن يصل الطالب إلى التعميم أو القاعدة وإلى فهم واستيعاب المفهوم بدون توجيه كامل أو إشراف من قبل المعلم على نشاط الطالب، أي أن الإرشاد والتوجيه على عمل الطالب

ونشاطه يجب أن يكون مقيدا وقليلا وذلك لإتاحة المجال الكافي للطالب للتفكير والوصول إلى الحلول بنفسه.

وفي ضوء ما سبق يمكننا تحديد بعدين أساسيين يمكن الاعتماد عليهما للتوصل إلى فهم طريقة الاكتشاف في التعليم والتعلم هما:

أ-   ضرورة تسلسل وتتابع المواقف والمثيرات التي تقود الطالب إلى التعميم المنشود أو المفهوم المطلوب.

ب-   درجة ممارسة التوجيه والإرشاد من قبل المعلم على الطالب .

لذا فتقديم عدد من الأمثلة والمواقف والمثيرات للطالب بحيث تؤدي به إلى المفهوم أو التعميم،وممارسة أقل درجة ممكنة من الإشراف والتوجيه على نشاط الطالب وعمله هو تعلم بالاكتشاف.

ويتلقى الطالب توجيها وإشرافا مقيدا وبالقدر اليسير من قبل المعلم أو الكتاب حتى يتمكن الطالب بهذا التوجيه والإشراف والإرشاد من متابعة النشاط والاستمرار في عملية التعلم بنفسه، ومفهوم الاكتشاف من هنا <u>اكتشاف موجه</u>، أما التعلم <u>بالاكتشاف الحر</u> فلا يتطلب أي درجة من درجات الإرشاد أو التوجيه من قبل المعلم .

والنشاط التالي يوضح تعلم الطالب عن طريق الاستكشاف القاعدة التالية :

"حاصل ضرب عدد صحيح موجب في عدد صحيح سالب هو عدد صحيح سالب"

سنلاحظ في البداية أن الطالب سيبدأ باستجابات لأسئلة يستطيع الإجابة عليها دون عقبات، أو سوء فهم :

155

30=5×6	15=5×3	20=5×4
00=4×6	12=4×3	16=4×4
00=3×6	00=3×3	12=3×4
00=2×6	00=2×3	00=2×4
00=1×6	00=1×3	00=1×4
00=0×6	00=0×3	00−0×4
00=1-×6	00=1-×3	00=1-×4
00=2-×6	00=2-×3	00=2-×4
00=3-×6	00=3-×3	00=3-×4
00=4-×6	00=4-×3	00=4-×4

وحتى نساعد الطالب على اكتشاف القاعدة المتضمنة في هذا النشاط يجب توجيه وإرشاد الطالب إلى تناقص القيمة العددية كلما انتقلنا رأسيا من أعلى إلى أسفل .

والتعلم بالاكتشاف قد يكون فرديا عندما تتاح الفرصة لكل طالب أن يعمل لوحده ويكون على اتصال بالمادة التعليمية نفسها إن كان من خلال المعلم أو من خلال جهاز الكمبيوتر أو أي وسيلة تكنولوجية أخرى، وقد يكون التعلم بالاكتشاف (زمريا) من خلال تعاون الطالب مع مجموعة صغيرة من زملائه.

نمط التعليم الاستكشافي لجيروم برونر

يعتبر (برونر) Bruner ـ وهو أحد علماء النفس التربويين المشهورين في الولايات المتحدة الأمريكية وأول المتحمسين لطريقة الاكتشاف في التعلم والتعليم.

ويرى برونر أن الأطفال يتعلمون بطريقة العلماء من خلال التجريب والسؤال والاكتشاف، وأن الطالب بالنمط الاستكشافي يواجه بمشكلة ما، فيتصدى لها ويحاول حلها، ويكتشف المفاهيم والمبادئ بنفسه من خلال تفاعله مع الموقف،وباستخدام الاستبصار، ويكون المتعلم خلال ذلك نشيطا ودائم السعي للحصول على المعرفة بنفسه، ويكون مهتما بترابط أجزاء البنى المعرفية وعناصرها، وبذلك يصبح التعلم ذا معنى.

ولكننا نلاحظ في معظم مدارسنا الحالية أن المدرسة تفرض عليهم طرق الحفظ والتلقين والإلقاء،ولهذا لا يحدث تعلم فعّال .

ويقول (برونر) أن هناك أكثر من طريقة واحدة للتدريس تحمل كل منها رسم طريقة الاكتشاف، وتختلف هذه الطرق في مدى الحرية التي تعطى للطالب أثناء عملية التعلم. فمنها ما يدعو إلى إشراف المعلم على نشاط الطالب وتوجيهه توجيها محدودا ويسمى(بالاكتشاف الموجه)

ومنها ما يدعو إلى عدم تدخل المعلم في نشاط الطالب، وترك الطالب يعمل لوحده دون توجيه ويسمى (بالاكتشاف الحر)

وجوهر الاكتشاف عند (برونر) يكمن في إعادة ترتيب وتنظيم البيانات أو الدليل أو تحويرها بطريقة تجعل الطالب يسير أبعد من نطاق البيانات، فيبصر ويدرك أشياء أخرى .

<u>الفوائد التي يكتسبها الطالب من أسلوب الاكتشاف :</u>

1. تنمي القدرة العقلية الإجمالية للمتعلم، فيصبح قادرا على النقد والتوقع والتصنيف ورؤية العلاقات والتصنيف والتميز بين المعلومات ذات الصلة والمعلومات التي ليست لها علاقة بالموقف التعليمي .

2. تؤثر بشكل ايجابي على نواحي أخرى وعديدة من حياة الطالب، فتكسبه القدرة على استعمال أساليب البحث والاكتشاف وحل المسائل، وذلك من خلال التدريب الذي يحصل عليه الطالب بمروره في خبرات الاكتشاف.

3. إن طريقة الاكتشاف تزيد من قدرة الطالب على الفهم والاستيعاب وإدراك المعنى لهذه المعلومات، مما يؤدي إلى زيادة قدرة الطالب على التذكر وبالتالي دوام أثر التعلم لفترة أطول.

4. إن هذه الطريقة تزود الطالب بحافز داخلي ذاتي يختلف عن الحوافز التقليدية المؤقتة، لأن هذه الطريقة مشّوقة وحافزة للطالب ليستمر في التعلم بحماس وشغف يعيشه من خلال البحث والمتعة التي يحصل عليها عند حدوث الاكتشاف والوصول الذاتي لحل المسألة والمشكلة التي يبحث فيها.

5. إن التعلم بالاكتشاف يساعد الطالب على بناء سلوك علمي لديه، يستمر معه طوال حياته، وينعكس ايجابيا في تفكيره وسلوكه وحله للمشكلات التي تعترضه في حياته الدراسية والعملية في المستقبل.

ويختلف العالم التربوي (أوزبل) مع الكثير من التربويين الذين يرون أن التعلم الاستقبالي هو تعلم استظهاري وأن التعلم الاستكشافي هو تعلم ذو معنى، ولكنه يرى أن كلا النوعين، الاستكشافي والاستقبالي يمكن أن يكون تعلما ذا معنى، ولكنه يفضل التعلم الاستقبالي على الاستكشافي للاعتبارين التاليين :

أ- إن التعلم بالاكتشاف يستغرق وقتا طويلا من المتعلمين، حيث لا يمكن أن يعاد اكتشاف ما توصلت إليه البشرية في آلاف السنين خلال سنوات قليلة ومعدودة في مرحلة دراسية للطلبة.

ب- تعتبر اللغة أهم وسيلة تواصل فكري لنقل التراث الإنساني والمعرفة التي تراكمت عبر السنين، وأن المعنى المتضمن في الاكتشاف لا يمكن أن يكتمل إلا بالتعبير اللفظي عن المعنى .

أما العالم (برونر) فقد ميّز بين نوعين من أنواع التفكير الرياضي هما:

1. التفكير الحدسّي Intuitive Thinking

2. التفكير التحليلي Analytic Thinking

والتفكير الحدسي يتم تنميته عادة من خلال الخبرات المباشرة للمتعلم وتعامله مع الأشياء مباشرة، وهو عامل مهم جدا لبناء الثقة بالنفس.

أما التفكير التحليلي، فهو تفكير استنتاجي مبني على الافتراضات الرياضية، ويسير وفق خطوات متسلسلة ومتتابعة .

الخلاصة:

من خلال ما تقدم وأمام هذه الآراء والمواقف المتفقة أو المتعارضة يمكننا أن نخلص إلى الموقف التالي بالنسبة للمكانة التي يجب أن تحتلها طرية الاكتشاف في التعلم والتعليم:

عندما يكون الطالب في مرحلة التفكير المادي، أو في المراحل الأولى من مراحل تعلم المفهوم أو التعميم، تكون طريقة الاكتشاف هي المفضلة والتي ينصح بها، لذا تكون طريقة الاكتشاف هي المفضلة في المرحلة الإلزامية (الابتدائية والإعدادية)، وأن الاعتماد عليها يجب أن يقل بالتدريج كلما انتقلنا إلى الصفوف الأعلى .

ولكن هذا لا يعني أن لا يلجأ المعلم إلى أسلوب وطريقة الاكتشاف لطلبة المرحلة الثانوية، حيث انه في المراحل الأولى لتعلم المادة الرياضية يمكن الاعتماد على الخبرات والأنشطة المختلفة لبدء تعلم المفاهيم وإعطاء معنى للتعميمات واستيعابها، لذا فإن تعلم الرياضيات يتم عندما يكون المتعلم فاعلا ونشطا أثناء عملية التعلم.

وقد ذكر العالم(بوليا) polya مظهرين متكاملين من مظاهر المعرفة الرياضية وهما :

1. إن الرياضيات في مرحلة التكوين، كعلم تجريبي تبنى على الاختبار والاكتشاف والتجريب .

2. إن الرياضيات كعلم استنتاجي، هو مظهر متقدم حيث يبدأ الطلاب تعلم الرياضيات على هذا الأساس عندما يكونوا قد

خبروا الرياضيات وتعلموها في مراحلها الأولى بالاكتشاف والتجريب حيث تكون المفاهيم والتعميمات قد اكتسبت معنى خاصا لديهم.

تفريد التعليم:

لا شك أن التعليم يؤدي إلى تعديل في سلوك الفرد أو إلى تعزيز لهذا السلوك، أو عدول عنه، أو اكتساب لسلوك جديد لا يمكن إلا أن يكون فرديا ذاتيا، فعندما تنشأ لدى المرء حاجة تستطيع تحريك دوافعه لتحقيقها، نجده ينشط ويتعلم ويتغير سعيا وراء تحقيق ما يهدف إليه ومن هنا يكون التعلم نشاطا يقوم به الفرد مستمدا حركته ووجهته من دافعية وحاجة لديه.

ومن المعروف أن الطلبة يمرون في مراحل النمو والتطور نفسها من الوجهة السيكولوجية التطورية، إلا أن قدراتهم ومهاراتهم وميولهم تنمو وتتطور بمستويات مختلفة ومتفاوتة في المرحلة النمائية الواحدة، لذا قامت فلسفة تفريد التعليم على مبدأ مراعاة الفروق الفردية حيث أن هذه الفروق تراعي مراعاة مباشرة إذا ما أتيح لكل متعلم أن يتعلم ذاتيا حسب قدرته واستعداداته، لأن درجة تعلمه في نطاق التعليم الجمعي أو الزمري قد لا تتيح له فرصة التعلم حسب تلك القدرات والاستعدادات .

والاختلاف بين الأفراد في الصفات والخصائص والقدرات قد تكون جسمية أو عقلية أو مزاجية (انفعالية)

161

❖ **وسنعرض فيما يلي بعض المظاهر التي تتضح فيها الفروق الفردية والتي تعتبر مهمة بالنسبة لتعلم الرياضيات**

1. القدرة العقلية،كالقدرة على حل المشكلات والتفكير والاستنتاج والاستنباط.....

2. القدرة الرياضية كالقدرة على استخدام الرموز والاستنتاج المنطقي والقدرات الحسابية .

3. معرفة المفاهيم الرياضية والتعميمات والعمليات، التي ترتبط بالخبرات التربوية السابقة للمتعلم، وتؤكد المتطلبات السابقة للموضوع.

4. اختلاف الدوافع والاهتمامات والاتجاهات من فرد إلى آخر.

5. تفاوت النضج الاجتماعي والفسيولوجي والعاطفي للمتعلمين.

6. تفاوت المواهب الخاصة بين الطلاب، كالقدرة على الحفظ والتذكر والابتكار والإبداع ....

7. اختلاف عادات المتعلمين والانضباط الذاتي، وذلك من حيث طريقة دراستهم أو تنظيم أعمالهم الكتابية

لذا فإن اختلاف الطلاب في كل ما سبق يحتم على المعلم عدم استعمال أسلوب أو طريقة تدريس واحدة ومادة رياضية واحدة وواجبات واحدة للجميع. ومن هنا وجب على المعلم أن يراعي ما يلي في تفريد التعلم :

أ- إتاحة الفرصة لكل طالب التقدم في التعلم حسب ما تسمح له قدراته الخاصة.

ب‑ تكييف المتغيرات الداخلية في عملية التعلم، كمستوى المادة التعليمية والأسئلة والتمرينات المطلوب ممارستها،بحيث تتلائم مع مستوى التحصيل للفرد واستعداده حيثما أمكن ذلك.

مما سبق نستطيع استنتاج خصائص تفريد التعلم والتي نوردها فيما يلي :

1. تفريد التعلم اتجاه حديث في التعليم .

2. يتوجه تفريد التعلم نحو الفرد(الطالب)، حيث يكون المتعلم محور العملية التعليمية.

3. يرتكز تفريد التعليم على التعلم الذاتي.

4. يعطي تفريد التعليم دورا مهما للمعلم.

5. يؤكد تفريد التعليم على إتقان التعلم.

6. يأخذ تفريد التعليم بعين الاعتبار الفروق بين المتعلمين، والفروق داخل المتعلم نفسه.

في ضوء ما تقدم يمكننا تعريف تفريد التعليم بأنه" مجموعة من الإجراءات لإدارة عملية التعلم، بحيث يندمج المتعلم بمهمات تعليمية تتناسب وحاجاته، وقدراته الخاصة، ومستوياته المعرفية والعقلية، ويهدف إلى تطويع التعلم وتكييفه، وعرض المعلومات بشكليات مختلفة تتيح للمتعلم حرية اختيار النشاط الذي يناسبه من حيث، خلفية المعرفة السابقة، وسرعة تعلمه، ونمط تعلمه، بهدف تحقيق الأهداف المرغوب فيها إلى درجة الإتقان وتحت إشراف محدود من المعلم "

وبصورة أخرى فإن تفريد التعليم أو (التعلم الافرادي) يعني تنظيم المنهاج التعليمي بحيث يساعد المتعلمين كل حسب قدراته وسرعته في التعلم، على اكتساب خبرات تعلمية ناجحة، والفرضية الأساسية في التعلم الفردي هي أن للفرد قابلية للتعلم الذاتي ، وتتم ممارسة النشاط الذاتي بتوجيه من المعلم، وقد وجدت أنواع كثيرة من أدوات التعلم والتكنولوجيا الحديثة التي توفر الظروف التي تساعد في تسهيل عملية التعلم الافرادي، وكان على رأسها، إعداد (الرزم التعليمية) والتي يقصد بها المواد التدريسية والوسائل التعليمية ومجموعة الأنشطة والاختبارات وأدوات التقويم اللازمة للمتعلم الفرد في موقف تعليمي، وكذلك استخدام الوحدات التدريسية في التعلم الافرادي، وهي عبارة عن المواد التعليمية والمصادر التي يحتاجها المتعلم في تعلم وحدة دراسية .

كما أن التعلم بواسطة الحاسوب الإلكتروني هو أسلوب آخر لتنفيذ فكرة تفريد التعليم .

المبادئ العامة لتفريد التعليم :

على الرغم من تنوع الأشكال التي تتبع في تفريد التعليم والمبادئ التي تقوم عليها، إلا أن هناك بعض المبادئ التربوية والنفسية التي يقوم عليها تفريد التعليم، وهذه المبادئ هي :

1. إن تحديد الأهداف التعليمية والنتاجات المطلوبة بشكل دقيق يسهل عملية التعلم ويزيد الإفادة منه.

2. التعرف إلى الخبرة السابقة وتحديدها ضروري، لبناء خبرات تعليمية لاحقة .

3. إن تحديد نقاط القوة لدى الطالب لتعزيزها، ونقاط الضعف لمعالجتها، أمر يسهل عملية التعلم ويزيد من فاعليتها.

4. كلما كان المتعلم(الطالب) أكثر نشاطا، فتعلمه يكون أكثر فعّالية.

5. إن التغذية الراجعة المتكررة ذات آثر ايجابي في تثبيت التعلم .

6. التغذية الراجعة الفورية ذات أثر كبير في فعّالية التعلم.

7. إن الإدارة الجيدة للظروف التعليمية المحتملة، وتنظيم ترتيبات التعزيز للمتعلم، تؤدي إلى تعلم أكثر فعّالية.

8. كل متعلم (طالب) له سرعة تعلم خاصة به وفقا لقدراته الخاصة.

9. إن إتقان التعلم السابق شرط ضروري للتعلم اللاحق .

10. إن الاستعانة بمساعدين (مراقبين) للمعلم يسهل عملية التعلم.

11. يختلف المتعلمون (الطلاب) في طريقة تعلم المحتوى التعليمي حسب أنواع الوسائط التعليمية .

<u>أشكال تفريد التعليم:</u>

لقد أسفرت الأبحاث التربوية المنظمة عن ظهور أشكال مختلفة لأسلوب وطريقة تفريد التعليم، وعلى الرغم من وجود بعض الاختلافات بين هذه الأشكال، إلا أنها جميعا تتفق على تحقيق تعليم يؤكد استقلالية المتعلم ونشاطه وايجابيته، ويتناسب مع قدراته واحتياجاته وسرعته.

<u>ومن هذه الأشكال ما يلي :</u>

<u>التعليم المبرمج</u>

التعليم المبرمج هو أسلوب للتعليم يتيح الفرصة لكل طالب أن يعلم نفسه بنفسه بحيث يسير في عملية التعلم وفقا لقدرته وسرعته الشخصية، ويعتبر التعليم المبرمج تطبيقا لمبادئ نفسية ظهرت طبقا لقواعد الطرق العلمية، وقد نشأ هذا الأسلوب من نظريات التعلم السلوكية التي رائدها العالم (سكنر) والتي تفترض أن التعلم يحدث عندما تقدم المادة التعليمية للمتعلم (الطالب) على شكل مثيرات(موقف إثاري) تهيئ له الفرصة ليستجيب لها ثم يتم تعزيز هذه الاستجابات .

وقد ثبت أن التعليم المبرمج يساعد الطالب على التعلم الذاتي والذي يأخذ فيه المتعلم دورا ايجابيا وفعالا، بحيث يقوم فيه البرنامج المعد بدور الموجه نحو تحقيق أهداف معينة .

ويقوم التعليم المبرمج على أساس تقسيم المادة التعليمية إلى أجزاء صغيرة نسبيا ومرتبة ترتيبا منطقيا متسلسلا، ويتم تقديمها للطالب في خطوات متتابعة ومتدرجة في الصعوبة وتسمى كل خطوة

إطارا، ويتطلب كل إطار استجابة معينة من الطالب، فإذا كانت الاستجابة صحيحة فإنها تعزز فورا، وذلك بإطلاع الطالب فورا على الإجابة الصحيحة ومقارنة استجابته بالاستجابة الصحيحة، وبعدها ينتقل إلى الإطار الثاني، فإذا كانت إجابته على الإطار الثاني صحيحة انتقل إلى الإطار الثالث ..... وهكذا .

أما إذا كانت الاستجابة غير صحيحة، فإن البرنامج يوجه الطالب إلى ما يجب عمله أو الإطلاع عليه قبل الانتقال إلى الإطار التالي ... كأن يطلب منه قراءة إطار سابق أو إطار فرعي مصاحب، ثم الرجوع ثانية إلى الإطار المعني.

كما أن شعور الطالب بأن استجابته صحيحة، يعزز تعلمه ويدعمه، ويجعل المتعلم يستجيب نفس الإجابة الصحيحة في المستقبل إذا مر بنفس الموقف أو الظرف، لذا يجب أن يتم تصميم هذه الأطر بدقة ومهارة وعناية، وأن تتسم بالتتابع المنطقي المتسلسل في الصعوبة بحيث يستجيب لها الطالب بشكل صحيح في معظم الحالات مما يزيد ثقته بنفسه ويعزز تعلمه ويدعمه بشكل فاعل. كما أن الطالب (المتعلم) بطريقة التعليم المبرمج يكون ايجابيا ونشطا في تفاعله مع البرنامج ويقوم بتعليم نفسه بنفسه، كما يقوم بتقويم تعلمه أولا بأول، ويسير في عملية التعلم تبعا لسرعته الشخصية .

وهناك نوعان(أسلوبان) من أساليب التعليم المبرمج هما:

1. البرنامج أو الأسلوب الخطي .

2. البرنامج أو الأسلوب المتفرع(المتشعب).

ففي البرنامج الخطي يستخدم جميع الطلبة التتابع نفسه في البرنامج، حيث تقسم المادة التعليمية إلى وحدات صغيرة أو أطر متتابعة، بحيث ينتقل الطالب من خطوة إلى التي تليها بعد أن يكون قد تعلم الخطوة السابقة بنجاح، أي أن كل خطوة يجب أن يتعلمها الطالب بنجاح قبل الانتقال إلى الخطوة التالية.

أي أن الطلاب يتقدمون خطوة خطوة في دراسة البرنامج، ويجيبون عن الأسئلة ذاتها، لكنهم يختلفون في سرعة تعلمهم . أما في البرنامج المتفرع (المتشعب) وفيه يقدم في نهاية كل إطار (Frame) مجموعة من البدائل المقترحة(الإجابات المحتملة) يختار منها المتعلم الإجابة التي يعتقد أنها صحيحة وبحسب اختياره. وعندما يعلم إن كانت إجابته صحيحة أو خاطئة، فإذا كانت الإجابة صحيحة ينتقل إلى إطار لاحق ومتقدم عن الإطار السابق في عرض المادة التعليمية، أما إذا كانت الإجابة خاطئة، فيتطلب منه في الغالب، دراسة إطار جديد علاجي يبين له سبب الخطأ، ثم يرشده بعد إتقان هذا الإطار، إلى دراسة إطار جديد لمتابعة دراسة البرنامج، وهذا يبين لنا أن البرنامج المتشعب هو أسلوب تشخيص وعلاجي في نفس الوقت. فهو تشخيصي لنواحي القوة والضعف في المتعلم، ومن ثم فهو علاجي لأخطاء التعلم.

<u>التعلم باستخدام الحاسوب</u> :

وهو عبارة عن برنامج في جميع مجالات التعلم، ويمكن من خلالها تقديم المعلومات وتخزينها، مما يتيح الفرص أمام الطالب ليكتشف بنفسه حل مسألة من المسائل أو نتيجة من النتائج، وعلى الرغم من انتشار هذه البرامج انتشارا كبيرا، إلا أن زيادة تكاليف

إعدادها وإغفالها لعنصر التفاعل البشري بين المعلم والطالب، كان من أسباب التقليل من أهميتها كأسلوب من أساليب تفريد التعليم في البيئة العربية. وتتعدد مجالات استخدام الحاسوب في العملية التعليمية ومن هذه المجالات ما يلي :

1. **التمرين والممارسة:** إن هذا البرنامج التعليمي يقدم للطالب سلسلة من التمارين والأمثلة لزيادة مهارته وبراعته في استعمال تلك المهارة، لذا فإن هذا البرنامج يفترض في المتعلم أن يكون قد تعلم ودرس المفهوم أو القاعدة أو الطريقة سابقا، وهذا البرنامج يقدم التعزيز المستمر للطالب لأنه يقدم له الإجابة الصحيحة بعد كل مثال ليقارن إجابته مع الإجابة الصحيحة التي يقدمها البرنامج من خلال الحاسوب.

2. **البرامج التعليمية البحتة:** يقوم البرنامج التعليمي بتقديم المعلومات المطلوبة في وحدات صغيرة، بحيث يتبع كل وحدة سؤال خاص عن تلك الوحدة، وبعد ذلك يقوم الحاسوب بتحليل استجابة الطالب، ويوازنها. مع الإجابة الصحيحة التي وصفها مؤلف ذلك البرنامج في داخل الحاسوب، وعلى ضوء ذلك فإن تغذية راجعة فورية تعطي للطالب.

والمؤلف الحاذق والمبدع هو الذي يبرمج برنامجه التعليمي ليحتوي على فروع لبرامج تعليمية أخرى أكثر صعوبة أو أقل صعوبة من ذلك البرنامج التعليمي، بحيث يقوم هذا البرنامج مقام المعلم، بحيث تحدث جميع التفاعلات بين

المتعلم والحاسوب مما يجعل الحاسوب وسيلة جيدة وفاعلة للتعلم الذاتي.

3. **برامج اللعب:** إن التعلم من خلال اللعب هو أسلوب تعليمي فاعل دعا إليه العديد من التربويين واللعب إما أن يكون تعليمي أو ترفيهي (للتسلية)، ومن الممكن أن تكون برامج اللعب تعليمية إذا كانت المهارة المراد التدرب عليها ذات صلة بهدف محدد، وتعتبر البرامج التعليمية التي هي على شكل ألعاب، ذات دافعية قوية للطالب وأسلوب جيد للتعلم الذاتي.

4. **برامج المحاكاة:** في هذا البرنامج التعليمي يواجه الطالب (المتعلم) موقفا شبيها لما يواجهه من مواقف الحياة الحقيقية لكن من خلال الحاسوب، فهي توفر للطالب تدريبا حقيقيا دون التعرض للأخطار أو لضغط الأعباء المالية الباهظة التي يمكن أن يتعرض لها المتدرب فيما لو قام بهذا التدرب على أرض الواقع .

5. **برامج حل المشكلات :** إن هذا البرنامج التعليمي يحتوي على نوعين من البرامج هما:

أ- البرنامج الذي يتعلق بما يكتبه المتعلم(الطالب) نفسه.

ب- البرنامج الذي يتعلق بما يكتبه الآخرون .

ففي النوع الأول، يقوم الطالب(المتعلم) نفسه بتحديد المشكلة بصورة منطقية، ثم يقوم بعد ذلك بكتابة برنامج على الحاسوب لحل تلك المشكلة، بحيث يقوم الحاسوب بإجراء الحسابات والمعالجات اللازمة من أجل تزويدنا بالحل الصحيح لهذه المشكلة .

أما النوع الثاني، فإن الحاسوب يقوم بعمل حسابات، في حين تكون وظيفة المتعلم(الطالب) هي معالجة واحدة أو أكثر من المتغيرات، أي أن الحاسوب يساعد الطالب من خلال تزويده بالعوامل التي توصله إلى حل المشكلة قيد الدراسة.

مما سبق نستنتج أنه مهما اختلفت الأساليب أو الوسائل في تنفيذ مفهوم أو مبدأ تفريد التعلم، فإن هناك عناصر مشتركة في هذه الأساليب وهي :

1. باستطاعة الفرد (الطالب) أن يتعلم أكثر مما يطلب منه أن يتعلم حاليا.

2. هناك عدة طرق وأساليب لتفريد التعلم يمكن أن تعمم لتراعي الفروق الفردية بين الطلاب وتؤدي إلى نتيجة فعالة وإيجابية في التعلم .

3. إن تعزيز الاستجابات، والتقييم الذاتي أو التغذية الراجعة يجب أن تكون آنية وفورية من أجل دعم وتشجيع المتعلم على السير قدما بثقة وثبات لتحقيق الأهداف المرجوة.

4. إن أسلوب تفريد التعلم يسعى إلى الارتقاء بالتعلم وتربية الفرد إلى أقصى ما نستطيع .

نظرية التعلم ذي المعنى للعالم أوزبل Ausbel

إن هذه النظرية تصنف أنواع التعلم في ضوء بعدين أساسيين هما :

البعد الأول : ويتعلق بطريقة تقديم المعلومات للطالب (المتعلم)، لأن المتعلم يكتسب المعلومات المختلفة عن طريق نوعين من أنواع التعلم هما :

1. **التعلم الاستقبالي :** وفيه يتم تقديم المحتوى الكلي للمادة بشكله النهائي، بحيث يكون دور الطالب هو تلقي واستقبال المعلومات من المعلم فقط، والدور الأساسي في هذا التعلم للمعلم ودور الطالب فيه ضعيف .

2. **التعلم الاستكشافي:** وفي هذا النوع لا يتم إعطاء المحتوى الرئيسي للمادة المتعلمة للطالب، بل يطلب منه أن يكتشفه بنفسه، ويكون الدور الرئيسي في هذا النوع للطالب (المتعلم) أما المعلم فيكون دوره الإرشاد والتوجيه والمراقبة.

البعد الثاني: ويتضمن هذا البعد الأساليب التي يستخدمها الطالب (المتعلم) لدمج المعلومات الجديدة أو ربطها ببنيته المعرفية وهي نوعان :

1. **الأساليب الاستظهارية** وفيها يقوم الطالب بحفظ واستظهار المعلومات أو صمها غيبا دون معرفة معناها ودون أن يربطها ببنيته المعرفية.

2. **الأساليب ذات المعنى** وفيها يقوم الطالب (المتعلم) بربط المعلومات والمادة المتعلمة بطريقة منتظمة وغير عشوائية بمعلوماته السابقة وبيئته التي يعيشها، فيشعر الطالب أن المادة التي يتعلمها ذات علاقة وثيقة ومباشرة بحياته وبيئته التي يعيشها.

مما سبق نستنتج وجود أربعة أنواع من التعلم الصفي وهي:

أ- <u>التعلم الاستقبالي ذو المعنى</u>: ويحدث هذا التعلم عندما يتم تقديم المحتوى الأساسي للمادة التعليمية بشكله النهائي إلى الطالب، بحيث يقوم الطالب بربطه بما يعرفه سابقا من معلومات ومفاهيم ومهارات بطريقة نشطة وذات معنى ببنيته المعرفية.

ب- <u>التعليم الاستقبالي الاستظهاري</u>: ويحدث هذا التعلم عندما يتم تقديم المعلومات بشكلها النهائي إلى الطالب الذي يقوم بحفظها وصمها أو استظهارها دون يربطها ببنيته المعرفية، وكثيرا ما يقوم الطالب بحفظ وصم الكثير من المعلومات دون معرفة معناها أو علاقتها بحياته أو بيئته.

ت- <u>التعلم الاستكشافي ذو المعنى</u>: وفي هذا النوع لا يقوم المعلم بتزويد الطالب بالمحتوى الأساسي للمادة أو المهمة التعليمية بشكله النهائي، بل يترك للطالب مهمة اكتشافها بنفسه، ومن ثم يعمل على ربطها بطريقة منظمة وغير عشوائية بخبراته ومعلوماته ومهاراته السابقة، فيشعر أن لهذه المادة معنى وقيمة في حياته وبيئته التي يعيشها، ويكون دور المعلم في هذا التعلم هو الإرشاد والتوجيه والتعزيز.

ث- <u>التعلم الاستكشافي الاستظهاري</u>: وفي هذا التعلم يطلب من الطالب(المتعلم)اكتشاف المحتوى الأساسي للمادة أو المهمة التعليمية ثم يطلب من الطالب حفظ واستظهار هذه المعلومات التي اكتشفها دون أن يربطها بالمعلومات أو الخبرات أو المهارات السابقة الموجودة لديه .

ويهتم العالم (أوزبل) بالتعلم الاستقبالي ذي المعنى أكثر من غيره من أنواع التعلم الأخرى، لأن هذا التعلم يحدث بشكل رئيسي في غرفة الصف، ولأن غالبية ومعظم التعلم الذي يحصل عليه الطالب داخل المدرسة أو خارجها يتم عن طريق تقديم المعلومات جاهزة للطالب ، لأن الطالب لا يمكن أن يتعلم كل ما يراد تعلمه عن طريق الاكتشاف فقط.

ويرى (أوزبل) أن كلا من التعلم الاستكشافي والاستقبالي يمكن أن يكون تعلما ذا معنى إذا توافر فيهما الشرطان التاليان:

1. أن يربط المتعلم (الطالب) المعلومات الجديدة التي تعلمها حديثا ببني المعارف والمعلومات والمهارات الموجودة لديه سابقا ربطا يدل على المعنى.

2. أن تكون المادة الجديدة المتعلمة ممكنة المعنى، أي أن ترتبط هذه المعلومات والمهارات بالبيئة المعرفية للطالب على أسس حقيقية وغير عشوائية.

ولتحديد فيما إذا كانت المادة الجديدة المتعلمة ممكنة المعنى، لا بد من وجود معيارين مهمين هما:

المعيار الأول: المعنى المنطقي للمادة، أي أن ترتبط هذه المفاهيم والمعلومات والعلاقات ببعضها البعض لتكون بنية منطقية واحدة، أما إذا كانت المادة مؤلفة من مقاطع عديمة المعنى أو جمل مبعثرة لا رابط لها ولا علاقة تربطها ببعضها البعض، فإنها والحالة هذه ترتبط مع بعضها بطريقة عشوائية لا معنى لها، وبذا تكون غير ممكنة المعنى. أما إذا ارتبطت المادة الجديدة بالأفكار الجديدة والمفاهيم المتصلة بها والموجودة أصلا في البناء المعرفي

174

والمعلوماتي والمهاري للطالب، فإنها تصبح في هذه الحالة ممكنة المعنى. ويصبح التعلم بالنسبة للطالب تعلما فعالا ذو قيمة ومعنى لديه فيدوم لفترة طويلة وينتقل أثره إلى حياته وبيئته التي يعيشها.

المعيار الثاني: المعنى السيكولوجي، وهي الخبرة الشخصية المعرفية لدى الفرد، والتي تظهر لدى الفرد(الطالب) حين تتصل الرموز والمفاهيم والمعلومات والقضايا ببعضها البعض ويتم استيعابها بنائه المعرفي، لذا فطبيعة الخبرة الشخصية لدى الطالب هي التي تجعل من عملية التعلم ذي المعنى عملية ممكنة، كما يجب أن يشمل البناء المعرفي للمتعلم(الطالب)على المحتوى الفكري المناسب والقدرات الفردية والخلفية المرتبطة بالمادة. وهكذا نرى أن ظهور المعنى السيكولوجي لا يعتمد فقط على ما تحمل المادة من معنى منطقيا فحسب بل كذلك على وجود الخلفية المرتبطة بالمادة التعليمية والموجودة مسبقا في البنية العقلية للطالب(المتعلم)

❖ **العوام التي يعتمد عليها التعلم ذو المعنى:**

يتأثر التعلم ذو المعنى بنوعيه الاستقبالي والاستكشافي من وجهة نظر العالم(أوزبل) بعدد من العوامل أهمها:

أ- **التعلم السابق:** يعتبر (أوزبل) أن البنية العقلية الموجودة لدى الطالب، أو ماذا يعرف الطالب من معلومات ومهارات ومعارف من قبل أهم العوامل التي تؤثر في التعلم والاحتفاظ به ونقل أثره، إذ أن وجود التعلم السابق وهذه المعلومات والتي يتم ربطها بالتعلم الجديد والمادة الجديدة تؤدي إلى دوام ربطها طريقة حقيقية وغير عشوائية يؤدي إلى دوام وثبات التعلم لدى الطالب.

ب- **وضوح وثبات الأفكار في البنية العقلية:** عندما تكون الأفكار الرئيسية الموجودة في البنية العقلية للطالب واضحة ومتصلة بالموضوع المراد تعلمه فإن عملية الاحتواء ودمج الأفكار الجديدة في البناء المعرفي تتم بفاعلية أكثر وتأخذ عملية التعلم ذي المعنى طريقها ومجراها الصحيح.

ت- **إمكانية المعنى في المادة التعليمة الجديدة:** أي أن ترتبط المادة التعليمية بالبنية المعرفية للمتعلم على أسس حقيقية وغير عشوائية، وأن لا تكون المادة عبارة عن مقاطع أو معلومات مبعثرة لا رابط بينها، وأن تكون لهذه المادة أساس واتصال بالمعلومات الموجودة لدى الطالب مسبقا، لذا فإن المادة التي لا معنى لها تكون سريعة النسيان لأنها لا تعني له شيئا ، كما أن الطالب يجد صعوبة في تعلمها وأن مقدار حفظه لها يكون قليلا وضعيفا ولا يدوم.

مراحل تعلم الرياضيات:

لا شك أن الرياضيات موضوع تراكمي ومنفتح، والأفكار والمعلومات الجديدة تعود إلى الماضي لتجد لها أساس ومعنى في ذهن الطالب وبنيته المعرفية، فتندمج مع معلوماته السابقة لتصبح بدورها مادة ومعلومات لأفكار وعلاقات مقبلة فإن المعومات التي لا يتم إتقانها جيدا ويتجاوزها عقل الطالب يصعب الرجوع إليها أو اعتمادها لفهم ما يبنى عليها من موضوعات مستجدة.

لذا فإن إتقان التعلم ينطوي على عدة أمور، وحتى يبلغ الطلاب مستوى إتقان التعلم، عليهم أن يفهموا المعنى الرياضي لمفهوم أو العلاقة الجديدة لا أن يحفظوه أو يصموه غيبا دون فهم، وبعد ذلك

يحتاجون إلى كثرة المران والتدريب وإلى العمل عليه بمفردهم حتى يتعمق فهمهم له ويألفوه ليصبح جزءا من خلفيتهم الرياضية ويصبحوا قادرين على استخدام المفهوم أو التعميم أو المعلومة مستقبلا في مواقف أخرى، وليتمكنوا من إدراك المواقف التي تكون ملائمة لتطبيق هذا المفهوم أو التعميم، وإذا ما أردنا للمفهوم أو العلاقة أو المهارة الجديدة أن تبقى ثابتة ومتماسكة وتدوم في الذاكرة وجب على الطلبة استخدام هذه المعلومات وتوظيفها بين الحين والآخر في مواقف منتمية و مختلفة، لأن المادة التي يتم استعمالها تدوم والمادة التي يتم إهمالها وعدم استخدامها ينساها الإنسان بسرعة.

❖ لذا فإن تعلم أي موضوع جديد في الرياضيات يمر في أربعة مراحل أو أطوار هي :

1. الفهم الأولي للمفهوم أو العلاقة أو المهارة الجديدة.

2. تعميق الفهم والاستيعاب.

3. التعلم بهدف الانتقال.

4. دوام التعلم واستبقاؤه .

1. الفهم الأولي للمفهوم أو العلاقة أو المهارة الجديدة

(understanding)

عندما يبدأ المعلم بتدريس موضوع جديد في الرياضيات، لا يكفي أن يلجأ إلى أسلوب المحاضرة فقط، فالطالب لا يستطيع استيعاب أو فهم موضوع جديد غير مألوف إذا انفرد المعلم في وقت الحصة، لذا على المعلم ضرورة إشراك الطلاب في زمن الحصة

بإشراكهم بالعمل والحصة، وتوضيح بعض الأمور والمفاهيم الصعبة والتي إذا لم يفهمها الطالب أو يتقنها فإنها ستؤدي إلى تعثر تقدم في المواضيع اللاحقة، لذا على المعلم اللجوء إلى التقويم التكويني المستمر والتغذية الراجعة الفورية للتأكد من استيعاب الطلاب للمفاهيم المطلوبة وامتلاكهم المهارات اللازمة .

وحتى لا يكون الموقف الصفي من جانب واحد، على المعلم أن ينوع من أساليبه وطرائقه في التدريس. واللجوء باستمرار إلى توجيه الأسئلة إلى الطلاب بهدف التأكد من فهمهم واستدراج أسئلة منهم وحثهم على المساهمة في النقاش والحوار،لذا يمكن للمعلم اللجوء إلى الأسئلة السابرة والأسئلة التفكيرية أو إلى أسئلة منتقاة لتمكين الطلاب من توجيه تفكيرهم لاكتشاف الحقائق والعلاقات الجديدة بأنفسهم، وعلى المعلم أن يتحقق من فهم طلابه للمفاهيم والحقائق والعلاقات بكافة الأساليب والطرائق حتى يمنع نشوء أية ثغرة في تعلمهم.

وحيث أننا لا نلزم المعلم بإتباع طريقة وحيدة أو أسلوبا بعينه لتدريس أي موضوع جديد في الرياضيات، وحتى يطور المعلم من فهم طلابه للأفكار الجديدة بنجاح يتوجب عليه أن يكيّف أسلوبه ويعد له في ضوء المواقف الصفية التي تواجهه، وأن يلجأ إلى استخدام أكثر من طريقة لتسهم في تحقيق أهدافه المطلوبة.

ومن الأخطاء التي يرتكبها المعلمون والطلبة أحيانا، محاولة استباق الزمن وقطع كمية كبيرة من المادة في فترة زمنية قصيرة، مما يؤدي إلى عدم إتقان التعلم وإلى إحداث ثغرات يعاني منها الطالب مستقبلا لذا على المعلم والطالب عدم الإسراع في تعلم أي موضوع

جديد،ذلك أن الهدف الثابت هو تطوير الفهم الرياضي القابل للاتساع والمستند إلى خلفية صلبة ومتماسكة بغية جعل الطالب يستسيغ المادة الرياضية ويقدرها ويكتسب قدرة متزايدة للتفكير فيها بصورة استقلالية، وضمان أعلى درجة ممكنة من مشاركة الطلاب وإثارة اهتمامهم وزيادة رغبتهم لمتابعة دراسة الرياضيات..

2. تعميم الفهم والاستيعاب (Assimilation)

لا شك أن فهم الأفكار والعلاقات الجديدة في الرياضيات شرط مسبق لإتقان التعلم والذي يتطلب أن يصبح هذا الموضوع مألوفا للطالب وجزءا لا يتجزأ من خلفيته الرياضية، وهذا لا يتم إلا بإتاحة الفرصة للطلاب للعمل والتفكير المستقلين ودراسة وحل أمثلة ومسائل متعددة، لأن المفاهيم الجديدة لا يتم إتقانها إلا إذا وجدت في مضامين مختلفة، وأن القواعد الرياضية والعلاقات لا تتقن إلا بالتطبيق المستمر.

وتعتبر هذه المرحلة هي فترة عمل ذاتي من قبل الطالب، تتاح لهم فيها فرص العمل والتفكير المستقلين لترسيخ الأفكار والمبادئ التي تعلموها بصورة أثبت في بنيتهم المعرفية، وليكتسبوا إدراكا أوسع لدورها واستخدامها في المستقبل في تعلم مفاهيم وعلاقات جديدة، لذا يجب أن تتاح للطلاب فرصة التفكير في مسائل جديدة ليروا كيف تستخدم هذه الأفكار والمبادئ في حلها.

ومن أجل تعميق الفهم لدى الطلاب على المعلم أن يدرس حالة طلابه وما هي الأساليب غير الفعالة التي يتبعها طلابه في درس الرياضيات، لذا عليه أن يدربهم على كيفية القراءة بتعمق، وعدم إهمال أعمالهم الكتابية والأمثلة والتمارين التي يكلفهم المعلم بحلها ،

وكيف يجلسون الجلسة الصحيحة عند الدراسة والابتعاد عما يشتت أفكارهم عند الدراسة والتركيز، وأن يتحلوا بالصبر على الأمور التي تتطلب التفكير المركز والوقت الطويل في الحل، وأن يكونوا هم أصحاب المبادرة في الأنشطة والأعمال وأن لا يعتمدون على المعلم في كل شيء

كما على المعلم أن يتيح الفرص الكافية للطلاب للتفكير لوحدهم والاعتماد على نفسهم وأن لا يندفع لمساعدتهم في أتفه الظروف، بل يرشدهم ويوجههم لاتخاذ أوضاع صحيحة في دراسة الرياضيات ومعالجة الصعوبات بصبر وثبات وعقل مفتوح دون يأس أو كلل أو ملل.

3. التعلم بهدف الانتقال:

إن الرياضيات تنطوي على مفاهيم ومبادئ ونظريات وأنماط من التفكير والمعالجة الرياضية والتي يمكن تطبيقها في موضوعات أخرى في الرياضيات وفي مجالات أخرى خارج الرياضيات، كما تمكننا معرفتنا الرياضية من تطبيق أساليبها ومفاهيمها وخبراتها في حل الكثير من المشكلات اليومية والحياتية.

إن انتقال أثر التعلم يعني أن التعلم في موقف معين سابق يؤثر على التعلم في موقف آخر جديد، لذا فإن انتقال أثر التعلم يجب أن يكون في قمة أهداف تدريس الرياضيات، وانتقال التعلم قد يكون تعميماً جديدا أو مثلا تطبيقا على تعميم معروف سابقا .

❖ **وفيما يلي بعض الأمثلة والمواقف التي يتم فيها انتقال أثر التعلم:**

1. إن إتقان مهارة جمع الأعداد يسهل تعلم وإتقان طرح الأعداد.

2. تعلم خوارزمية الضرب والمهارة المكتسبة ينتقل إلى تعلم خوارزمية القسمة ويؤدي إلى إتقان مهارة القسمة.

3. انتقال التعلم من مهمة العزف على البيانو يسهل مهمة الضرب على الآلة الكاتبة .

4. معرفة الطالب أن مجموع زوايا المثلث $= 180°$ يسهل عليه التوصل إلى مجموع قياسات الزوايا الداخلية لمضلع .

5. جمع وطرح وضرب الأعداد تعتبر الأساس لتعلم إجراء القسمة الطويلة .

وعلى المعلم مراعاة الأمور التالية لتسهل انتقال أثر التعلم لدى الطلاب:

أ- تعويد الطلاب التعرف إلى نماذج رياضية متشابهة في أوضاع جديدة وفي أوضاع مختلفة ومألوفة لديهم.

ب- تعويد الطلاب البحث عن التشابهات والتماثلات الرياضية من خلال أمثلة وتمارين يوردها المعلم ويلفت نظر طلابه إلى ملاحظة التشابه والتماثل بين الجديد والمألوف وأن يكلف طلابه البحث عن أمثلة مشابهة لها ومناقشتها في حصص قادمة.

ت‌- الإكثار من التمارين والعمل الذاتي لتنشيط عمل الذاكرة والتفكير والتخيل لأن هذه الملكات لا تقوى عند الفرد إلا بالتمرين مثلما تقوى عضلات الجسم بالتدريب والتمرين المستمر.

ث‌- تدريب الطلاب على استخدام الحقائق والمهارات والطرائق التي أتقنوا استعمالها لحل مشاكل أخرى تظهر فيها نفس الحقائق.

ج‌- تدريب الطلاب على البحث عن العناصر المشتركة بين الموقف الجديد والموقف القديم، من أجل نقل أثر التعلم عن طريق العناصر المشتركة. فمثلا إتقان تعلم جمع الكسور العشرية في منزلتين ينقل إلى إتقان تعلم جمع الكسور العشرية بصورة عامة، وكذلك ضرب أو قسمة الكسور العشرية على 10، 100،..... الخ .

4. التعلم بهدف الدوام (دوام التعلم واستبقاؤه):

إن أي موضوع جديد في الرياضيات يتم تعلمه يكون قابلا للنسيان مهما بلغت درجة إتقانه، إلا إذا حفظ عن طريق المران والتدريب والتطبيق المستمر، لذا فالمهارات تحتاج إلى تدريب منظم بينما العلاقات والمفاهيم تحتاج إلى مراجعة وتطبيق في فترات متعددة ومستمرة .

وسنورد فيما يلي أهم سبل التعلم التي تساعد على دوام التعلم واستبقائه وهي:

1. <u>التدريب</u> : إن وجهة النظر التربوية الحديثة في تعلم الرياضيات تعترف بأن التدريب وسيلة فعالة للوصول إلى

ضوابط وأهداف مرغوب فيها . فالكثير من العمليات الحسابية التي تحتاج إلى سرعة ودقة في حلها لا تتم هذه الدقة وهذه السرعة إلا من خلال التمرين المنظم والمتكرر أي التدريب، وحتى يكون تعلم الرياضيات فاعلا على المعلم أن يركز على أن يتلازم الفهم جنبا إلى جنب مع الكفاية والقدرة في إجراء العمليات، أي أن لا تكون المهارة آلية دون فهم، حيث لا فائدة من هذه المهارة إذا لم يعرف الطالب الظروف التي تتم فيها هذه العملية.

2. **المراجعة** : إن المراجعة والتدريب يتميزان بالتكرار ويهدف كل منهما إلى تثبيت المعلومات أو المفاهيم أو العلاقات، والهدف الأساسي من التدريب هو إكساب الطلاب المهارات للقيام ببعض العمليات الرياضية بشكل آلي، أما المراجعة فهدفها تثبيت التفاصيل واستيعابها، وتنظيم الأشياء الهامة من أجل فهم العلاقة بين الأجزاء المختلفة بعضها ببعض، وعلاقة هذه الأجزاء بالوحدة ككل أي أن المراجعة تعني بترتيب وربط العناصر ببعضها البعض، وبإلقاء نظرة جديدة على الموضوع الذي تمت دراسته.

3. **التطبيق** : إن المفاهيم والمعلومات والمبادئ والمهارات التي اكتسبها الطلاب وأتقنوها تبقى عرضة للضياع إذا لم تكن جاهزة في عقولهم وفي متناول أيديهم لاستعمالها عند الحاجة وتطبيقها في المواقف المشابهة وفي الحياة العملية. لذا فإن بقاء هذه المعلومات من غير تطبيق ولا استعمال مستمرين تصبح هذه المفاهيم غامضو ومشوشة. أما المهارات فيعلوها

الصدأ وتصبح العلاقات والطرائق غير مؤكدة. لذ على الطالب أن يكثر من التمرن على المهارات وتنشيط الأفكار بين الحين والآخر، وكذلك تطبيق المبادئ والأفكار حتى لا تكون عرضة للضياع والنسيان.

الفصل السادس

" أساليب تدريس الرياضيات"

لطلاب المرحلة الأساسية الدنيا

مقدمة

يمكن القول بأن للرياضيات دورا هاما في حياتنا اليومية وأنها تدخل في حل الكثير من المشاكل التي تواجهنا في حياتنا، وأنها تشترك في الكثير مما يواجهنا في حياتنا ووضع تصورات محتملة لنا لما قد نواجه في المستقبل من مشاكل وقضايا وتطورات علمية وحياتية واقتصادية واجتماعية ... مما يجعل لها تأثيرا واضحا في ممارستنا لأعمالنا وحياتنا اليومية.

وقد أوصى العديد من علماء التربية أمثال (بياجيه وبيرنر) على ضرورة أن يتعلم الطلاب الرياضيات أولا من خلال المحسوس (استخدام الحواس)، ثم من خلال شبه المحسوس كاستخدام الصور والتمثيل، وأخيرا يكون التعلم من خلال المجرد ثم استخدام الرموز. وأنهم ينصحون بضرورة أن يتعلم الطلبة في البداية من خلال الأجسام المنظورة والمحسوسة والتي يمكن أن يرونها أمامهم ويلمسونها بأيديهم كأمثلة حية حقيقية، لأن ذلك ييسر ويسهل عليهم الفهم واستيعاب المعرفة المطلوبة، ثم يتم عرض بعض الدروس عليهم من خلال صور تعرض عليهم ويشاهدونها أمامهم، أو تمثيل الأدوار التي تقدم لهم من خلال الرموز الحسابية المختلفة.

وعلى المعلم أن يدرك أهمية تدريب الطلاب على مهارة توجيه الأسئلة لأنفسهم وصياغة الأسئلة بلغتهم الخاصة من أجل الوصول بهم إلى القدرة على ضبط النفس ومعالجة المعلومات ثم الانطلاق بهم إلى مرحلة حل المشاكل، والتي تتطلب تطوير أساليبهم الخاصة والذاتية في التعلم والتفكير فيما يخص العمليات الحسابية، ومن هنا يأتي دور المعلم الهام في الإرشاد والتوجيه والتدريب لإكساب

الطلاب مهارة الربط بين التفكير واللغة جنبا إلى جنب مع مهارات الحساب والخبرات والتي لا تأتي إلا بالتدريب حتى يتمكن الطالب من استيعابها وفهمها والتي يجب التعامل معها عند كل خطوة من خطوات التعامل مع المسائل الحسابية على اختلاف أنواعها .

وقد أثبتت الدراسات التربوية المتعلقة بمادة الرياضيات بأن معرفة معلمي الرياضيات للمشكلات عند الطلبة تقودهم إلى تحصيل أعلى للطلبة لأن المعلم في هذه الحالة ينطلق من حاجة الطالب، لذا أصبح من الضروري معرفة المعلم للمفاهيم والمعلومات والحقائق الرياضية التي يجب أن تتوفر لدى الطالب كأساس لمعرفة المعلومات الجديدة، لذا لا يجوز للمعلم أن يتجاهل أية استراتيجيات يمكن أن تقودهم وتدعم تعاملهم لتمكين طلبتهم من تحقيق مستوى أعلى من التحصيل في مادة الرياضيات،إذْ أن هناك ارتباطا وثيقا بين معرفة الطالب ومعرفة المعلم في أسس التعامل مع المبادئ الأساسية للتعلم ، حيث أن المعرفة الأولية تتحصل عند الطلبة من خلال استخدامه، أكبر، أصغر، كبير، قليل، أكثر....

وبشكل طبيعي فإن الأطفال يتعلمون من خلال اللعب بالأشياء المتوفرة أمامهم في بيئتهم كوسيلة تعليمية، مثل الأدوات والأواني المختلفة المتوفرة في بيئة الطالب وخاصة ما هو مرتبط بالآخر، وهذه الأدوات تساعد الطالب في تعلم الكثير من المفاهيم: مثل المسافة، التتابع، الفراغ، التنظيم، الترتيب، وقد يكتشف المعلم أن الكثير من الطلاب يفتقرون إلى الكثير من المعلومات والخبرات التعليمية الضرورية، لذا على المعلم تشخيص هذه الحاجات والصعوبات قبل سن المدرسة عند الطلبة وتوفيرها كأساس لتعلم

الرياضيات قبل الشروع في تنفيذ المنهاج أو الكتاب المدرسي المقرر ومن هذه الخبرات:

التمييز بين أعلى وأسفل، فوق، تحت، أعلى، نقطة، أسفل نقطة، عالي، منخفض، قريب، بعيد، أمام، خلف، بداية، نهاية، أكبر، أصغر، أقل، أكثر ....

وقد يسبب عدم معرفة الطالب بمثل هذه الخبرات، نوعا من الإرباك والتوتر لدى الطالب والذي يقود إلى مزيد من مشاكل التعلم في مادة الرياضيات، وإن جهل الطلاب في معرفة هذه الأمور يقود إلى جهل الطلاب في تصور أشكال الأرقام وأنظمتها، وأماكنها، وعلى سبيل المثال قد لا يستطيع الطفل التمييز بين المسافة بين رقم وآخر على خط الأعداد، وقد لا يستطيع التعرف فيما إذا كان الرقم قريبا من رقم خمسة أو سبعة.

● **ولهذا يجب أن تمتاز أساليب تعليم الرياضيات بالصفات التالية :**

1. **وضوح الهدف:** إن وضوح الأهداف المراد تحقيقها مهمة ضرورية لكل من المعلم والطالب، إذ أن وضوح الأهداف يساعد على أن يعرف الطلاب ما هو متوقع منهم أن يفعلوه أو يكونوا قادرين على فعله بعد تحصيل الهدف أو القيام بالأنشطة والإجراءات المطلوبة منهم، وكلما كان المعلم أكثر تحديدا لما هو متوقع من الطالب عمله يكون أقدر على تعليم المهارة وإيصالها إلى الطلاب بيسر وفاعلية، يضاف إلى ذلك أن معرفة الأهداف والنتاجات المطلوبة والمتوقعة تسهل الطريق على المعلم في اختيار الأساليب والطرائق والوسائل اللازمة لتحقيق هذه الأهداف كما تسهل عليه اختيار استراتيجيات

وأدوات التقويم المناسبة والضرورية لقياس مدى تحقق الأهداف أو النتاجات المتوقعة.

2. **تعليم المفاهيم والمهارات الجديدة**: إن تعلم المفهوم الجديد أو المهارة الجديدة إلى درجة الإتقان أمر ضروري بالنسبة للطلبة، حيث أن على المعلم التأكد من تحقيق الهدف الحالي بشكل كامل ومتقن قبل أن ينتقل إلى تحقيق الهدف التالي لأن ذلك يسهل على المعلم تشخيص أخطاء وضعف الطلاب بيسر وسهولة في الوقت المناسب فيعمد المعلم إلى إصلاح الأخطاء وعلاج الضعف حتى لا تتراكم الأخطاء ويتأصل الضعف لدى الطلاب.

3. <u>**تعلم المتطلبات السابقة**</u>: إن تعلم المهارات يستدعى باستمرار تعلم العناصر الأبسط التي تتكون منها تلك المهارة أو تتصل وتمهد له، ومن هنا يأتي دور المعلم في توفير التتابع في التعليم ومعرفة عناصر التعلم القبلي الضرورية واللازمة لكل مهارة أو تعلم جديد، لأن كل تعلم جديد يعتمد على معلومات أساسية سابقة يبنى عليها، فإذا لم تتوفر هذه العناصر وهذه المعلومات لدى الطالب فإنه لن يتمكن من إتقان أو استيعاب المهارة أو المعلومات الجديدة. فمثلا لا يستطيع الطالب إتقان مهارة جمع أو طرح الكسور العادية إذا لم يتقن مهارات العمليات الأربع(الجمع، الطرح، الضرب والقسمة)

4. <u>**وضوح الشروح التعليمية**</u>: على المعلم عند صياغة الشروح وإعداد مذكرات الدروس أن يراعي مستوى طلابه النمائي والعقلي وأن يخاطبهم على مستواهم بحيث تكون العبارات

واضحة وسهلة ومفهومة لدى الطالب لا لبس فيها ولا غموض ولا تأويل وأن لا يستخدم الألفاظ أو العبارات الصعبة أو البعيدة عن بيئة الطالب، فيراعي البساطة والسهولة في الألفاظ وشروحه سواء أكان موضوع الشرح نظريا أو من خلال استخدام الوسائل الحسّية أو المجردة أو الرموز، وأن يستخدم المعلم اللغة والألفاظ والوسائل المتوافقة مع بيئة الطالب.

5. **الاستخدام الكفؤ لزمن التعليم:** على المعلم أن يوازن بين الزمن اللازم لشروحه والزمن اللازم لعمل وأنشطة الطالب المنتمية واللازمة لإتقان المهارة أو المعلومات المطلوبة لتحقيق الأهداف والنتاجات المتوقعة، والمعلم الحاذق هو الذي يخطط ويوزع الزمن ليتوافق مع جميع خطوات درسه بحيث لا يُنفذ نشاط ما على حساب نشاط آخر.

6. **الأمثلة التعليمية الكافية والمناسبة:** إن الأمثلة الحية تستطيع تقريب المفهوم والمعلومة بشكل أسرع وأكثر فاعلية إلى أذهان الطلاب، لذا على المعلم أن يدرس مادة الكتاب المقرر بشكل جدّي وفاعل وأن يستخرج منه الأمثلة المناسبة ثم يضيف إليها أمثلة وتمارين أخرى تمكن الطالب من تكوين القدرة على معرفة النمط أو القاعدة وتعميمها في حل أمثلة وتمارين جديدة.

7. **التمرين الكافي:** إن متابعة وتوجيه الطلاب إلى حل التمارين الكافية والمناسبة يؤدي إلى إكساب الطلاب مهارة الآلية في الحل، أي الكفاية والسرعة والدقة في حل ومعالجة المسائل والتمارين الرياضية، وعلى المعلم أن ينتبه إلى أن زيادة

التمارين عن الحدود المعقولة تؤدي بالطالب إلى التعب والملل.

8. **المراجعة المناسبة:** إن مراجعة المعلم للمهارات والمعومات التي يعتمد بعضها على بعض وتدوينها وتذكير الطلاب ومراجعتهم بها وربطها مع بعضها البعض بشكل منتظم ومحكم يؤدي إلى تحسين القدرة على تذكر المهارة الجديدة وتعلمها، كما تساعد الطالب على استرجاع المهارة والمعلومة المطلوبة به في الوقت المناسب دون مشقة.

9. **التغذية الراجعة:** من المظاهر الفعالة لعملية التعلم، تزويد الطلاب بتغذية راجعة تعليمية فورية، وقد أثبتت الدراسات التربوية أن تصويب الأخطاء من خلال تقديم تغذية راجعة فعالة يعظم أداء الطلبة، لأن الأخطاء إذا لم تصحح وتصوب بسرعة، فإن الطلاب يمكن أن يكرروا الوقوع في الخطأ نفسه ويصبح من الصعب تصويب تلك الاستجابة فيما بعد، لذا فإن تصويب الخطأ لحظة اكتشافه أجدى من الانتظار إلى حصة أخرى أو إلى وقت آخر.

ويحسن عند التصويب أن يحدد المعلم أولا مصدر الخطأ الذي ينتج عادة عن مصدرين هما:

أ- عدم الانتباه على الموضوع

ب- نقص المعرفة

وتعالج الحالة الأولى بزيادة مستوى الطالب المعرفي، أما الحالة الثانية فتعتمد على طبيعة المهمة المطلوبة، حيث لا بد من اللجوء إلى أسلوب الشرح والاختبار.

10.التعميم : إن الطلاب كثيرا ما يستطيعون التعبير عن تمكنهم من المهارة في مكان, بينما يعجزون عن القيام بها في مكان آخر, ومن أجل تسهيل انتقال آثار التعليم بين الموقفين يجب على المعلم أن يزود الطلاب بفرص كافيه لممارسة المهارات باستخدام مدى واسع من المواد التعليمية كالكتب و أوراق العمل وعمل الوسائل والنماذج والأشياء المختلفة والمسائل اللفظية, وأن يقوموا بربط المادة التعليمية أو المهارة مع المواد الدراسية الأخرى, كما أن على المعلم أن لا يعمد باستمرار إلى مساعدة الطالب عند حل كل مشكلة, بل عليه أن يخفف كمية المساعدة وأن يفسح المجال للطالب بالاعتماد على نفسه في حل المشكلة أو التمرين حتى تزداد ثقته بنفسه ويشعر بلذة الفوز والنصر عند الوصول إلى الإجابة الصحيحة للمشكلة بنفسه دون مساعدة أحد.

*وقد أوصى مجلس البحث القومي الأمريكي (NEC) عام 1989 في أعقاب دراسة واسعة أجراها على تعليم الرياضيات من الروضة وحتى التخرج من الجامعة بأن يتبع في تعليم الرياضيات أساليب تتقيد بما يلي:

1. أن لا يقوم المعلم بتغير الأهداف الموضوعة منهجيا بقصد مراعاة الفروق الفردية بين الطلاب ولكن أن يغير في أنماط وأساليب وطرائق وأنشطة التعليم وسرعته.

2. أن نجعل التعليم يتمحور حول الطالب وأن لا نتبع نموذجا تسلطيا يتمحور حول المعلم.

3. تشجيع الطلاب على التفكير والتعبير عن أفكارهم لفظيا, وإفهامهم بأن الرياضيات جزء لا يمكن الاستغناء عنه في حياتهم.

4. أن يهيئ المعلم للطلاب فرصا يوميه لتطبيق الرياضيات والتعامل مع المسائل والتمارين التي تتصل ببيئتهم وبحياتهم اليومية، وذلك بأن نغرس في نفوسهم أهمية الرياضيات والحاجة إليها من الناحية العملية, كعمليات البيع والشراء وحساب باقي النقود, وكذلك من الناحية المدنية كالاستنتاجات من الإحصاءات عن حوادث السير والنمو السكاني وأعداد المواليد الشهرية وغيرها، وأيضا من النواحي المهنية والاقتصادية والترفيهية كحل الأحاجي والألعاب الرياضية المسلية والهادفة .. وغيرها.

5. تعليم وتدريب الطالب بحيث يفهم متى يجب أن يقدم جوابا دقيقا ومتى يكتفي بأن يكون الجواب تقديريا.

6. تدريب الطلاب من الانتقال التدريجي من نشاطات القلم والورقة إلى استعمال الحاسبات والحواسيب وغير ذلك من المواد التطبيقية والأجهزة العلمية الحديثة.

أساليب التعليم واستراتيجياته:

لا بد أن يسعى المعلم إلى تعليم طلبته ومساعدتهم على تطوير إستراتيجية المعرفة والتعلم وذلك بهدف توجيه عملياتهم الرياضية

الوجهة السليمة ضمن الأطر والمعطيات العلمية الحديثة والمتطورة، إذْ عليهم تعلم طرق التفكير السليم المؤدي لحل المسائل والمشاكل التي تعترض طريقهم، ولا بد من تشجيعهم على التفكير التأملي من خلال التحدث مع أنفسهم وتوجيه الأسئلة لأنفسهم من أجل الوصول بهم للحصول على المعلومات بأفضل وأسهل الطرق، ومن أمثلة هذه الأسئلة التي يمكن للطالب أن يوجهّها إلى نفسه هي:ما هو المطلوب الآن؟، وما هو المفقود؟، ماذا عليّ أن أفعل؟، هل أجمع أم أطرح؟.

أو بإمكان الطالب أن يعلق: آه"نعم"، لقد واجهت مثل هذه المشكلة من قبل، وعليّ أن أقوم برسم هذه المسألة على الورقة لمعرفة ما هو المطلوب، وما هو النقص؟؟. وهكذا يمكن تدريب الطالب بأن يتكلم مع نفسه وأن يتساءل وأن يفكر ذاتيا بصوت خافت في وضع التصورات والحلول الممكنة... إلى أن يتوصل إلى قرار بنفسه كيف يبدأ ومن أين يبدأ وكيف يسير في حل هذه المسألة.

* ويمكن تناول موضوع أساليب تعليم الرياضيات في هذه المرحلة من منظورين هما:

1. كمفهوم أو محتوى ممثل لأنواع (المعرفة الرياضية : ويشمل المفهوم,التعميم, الخوارزمية, المسألة الرياضية).
2. كموضوع دراسي مستقل :ويشمل تعليم العد , الجمع , الطرح, الضرب,القسمة, الكسور, القياس .....

أولا: كمفهوم أو محتوى رياضي.

أ. المفهوم: هو فكرة مجردة، أو صورة ذهنية، تتكون أو تتشكل عند الطالب عند رؤية أو سماع شيء معين، وهناك سمات

أساسية حرجة تميز هذا الشيء عن غيره، ومن الأمثلة على هذه المفاهيم الهندسية "المستطيل" وسماته الأساسية هي: شكل رباعي، كل ضلعين متقابلين فيه متساويين، زواياه قوائم... وكذلك مفهوم "المربع" وسماته الأساسية الحرجة هي: شكل رباعي، جميع أضلاعه متساوية، زواياه قائمة.

موجهات لتدريس المفهوم:

- تحديد السمات الحرجة للمفهوم.

- ضرب أمثلة ايجابية.

- ضرب أمثلة سلبية.

- ربط المفهوم بالخبرات السابقة وإعطاء أمثلة عليه من الواقع ومن البيئة.

- صياغة تعريف للمفهوم بلغة واضحة متضمنا الصفات الحرجة له.

- إعداد مجموعة من التدريبات ليعمل عليها الطلاب.

- تنويع مصادر اشتقاق المفهوم.

ب. التعميم الرياضي: هو جملة إخبارية تربط بين مفهومين أو أكثر بعلاقة معينة، وبذلك تعتبر القوانين والنظريات تعاميم رياضية.

خطوات تدريس التعميم الرياضي :

- اختبار معرفة الطالب بالمفاهيم التي ترد بالتعميم وتوضيحها، أي التأكد من معلومات الطلاب الضرورية

والمتعلقة بالمفهوم والتي تعتبر أساسا لدراسة هذا التعميم.

- ضرب أمثلة كافية على التعميم من المعلم والطلاب، ثم بعد ذلك صياغة التعميم صياغة لغوية واضحة لا لبس فيها ولا غموض.

- إعطاء أمثلة ايجابية أخرى على التعميم بعد صياغته.

- إعطاء أمثلة سلبية على التعميم.

- توظيف التعميم من خلال مجموعة من المسائل والتمارين، وكذلك ربط التعميم بحياة الطالب وبيئته.

ت. الخوارزمية: هي مجموعة من الخطوات تطبق على مجموعة من البيانات للوصول إلى نتيجة أو جواب محدد، وهذه الخطوات لها صفة التكرار في مواقف مماثلة. ومن هذه الخوارزميات: عمليات: الجمع، والطرح، والقسمة، والضرب...

وعند تدريس الخوارزمية يجب مراعاة القواعد التالية:

1. البحث عن الخبرات السابقة اللازمة لتطبيقها.

2. تدريب الطلاب على تقليد الأمثلة المصورة على السبورة أو أية وسيلة عرض أخرى.

3. ضرورة الحرص على تفسير خطوات الخوارزمية بشكل واضح ومعرفة أساسها الرياضي.

ث. المسألة الرياضية (الحسابية): وهي موقف مشكل، يشكل هدفا للطالب من أجل تحقيقه، لكنه لا يملك حلا جاهزا له، فتحفزه

للبحث عن خلفية معرفية سابقة متوفرة أصلا عند الطالب، ولكنها بحاجة إلى استدعاء وإعادة تنظيم، ودمجها مع عناصر الموقف الجديد، بغية الوصول إلى الحل المطلوب.

أساليب تعليم حل المسائل:

هناك خطوتان هامتان في تهيئة الطلاب للنجاح في حل المسائل:

1. إعطاء الطالب مسائل في تسلسل ملائم، والتوعية على الأخطاء الشائعة في حلها.

2. حاجة الطلاب أن يتعلموا الاستراتيجيات المحددة التي يمكن أن تساعدهم في إتقان حل المسألة في الصف، وبالتالي تطبيق المبادئ في مشكلات الحياة الواقعية اليومية.

* وقد اقترح بعض الباحثين البرنامج التعليمي التالي لتعلم حل المسألة للطلاب:

1. قياس التعلم القبلي اللازم: أي التأكد من امتلاك الطلاب للمهارات والمعلومات الأساسية والتي تعتبر ضرورية وأساس للتعلم الجديد.

2. إقرأ   : ما السؤال؟   (فهم المسألة)

3. إقرأ ثانية   : ما المعلومة الضرورية المطلوبة (المعطيات، المطلوب)

4. فكر   - إضافة الأشياء= الجمع (خطة العمل)

- الأخذ من الأشياء= الطرح

- هل أحتاج جميع المعلومات ؟

- هل المسألة من خطوتين ؟

5. حل السؤال : اكتب المعادلة (تنفيذ خطة الحل)

6. دقق : أعد الحسابات مرة أخرى (التحقق من الخطوات)

7. قارن : مع التقدير المسبق (التحقق من منطقية الحل أو صحته)

ثانيا: تعليم الرياضيات كموضوع دراسي مستقل.

أ. **تعلم العَدْ** : كثيرا ما يتوهم المعلمون والآباء بأن الأطفال يفهمون الأعداد لأنهم يستطيعون عدها وتسميتها، غير أن هذا الوهم سريعا ما يتبدد في حقيقة كون أن الأطفال يواجهون المتاعب في حل التمارين والمسائل، وإنهم إن كانوا يستطيعون العدْ، إلا أنهم لا يفهمون معنى أو مفهوم الأعداد وأنهم يكررون الأعداد بشكل آلي فقط.

<u>مراحل تعليم العّدْ:</u>

في هذه المرحلة المبكرة من تعليم الأطفال الرياضيات وخصوصا تعليم العّدْ، على المعلم أن يبدأ بالأشياء المادية المحسوسة والملموسة بحيث تبدأ هذه العملية من خلال المطابقة بين الأشياء المحسوسة والأعداد. ويمكن أن نلاحظ في هذه العملية عدة مراحل:

المرحلة"1": تدل الكلمات العددية أو الرموز العددية على مجموعات مجردة وتنوب منابها، ويمكن مطابقتها مع الأشياء الفعلية في مجموعة، كأن يذكر الطالب العدد "1" مقترنا بشيء،ثم العدد "2" مقترنا بشيء ثاني، ثم العدد "3" مقترنا بشيء ثالث. ويمكن تدريب الطلاب على الربط بين عدد الأشياء بتقديم بطاقات مرسوم على كل منها عدد معين من الأشياء أو النقاط، وبطاقات أخرى مكتوب عليها أعداد،

ويكلف الطالب بالربط بين عدد الأشياء ورمز العدد الذي يمثلها. ويمكن تمرين الطلبة الذين يجدون صعوبة في تمييز الأرقام، بإعطائهم بطاقات على كل منها رقم، ثم اطلب منهم إبراز ورفع البطاقة المكتوب عليها الرقم الذي يذكره المعلم. وعندما يكون من الصعب على الطفل كتابة الأعداد ينبغي على المعلم أن يتأكد من ملائمة قبضة يد الطفل على القلم، وتدريب الطلاب على مسك القلم بالطريقة الصحيحة، ثم الإمساك بيد الطالب وتحريكها لكتابة العدد، كما يمكن تدريب الطلاب على كتابة العدد في الهواء أو على الرمل عدة مرات لتعليمه من أين يبدأ في الكتابة وبأي اتجاه يسير، كما يمكن وضع نقاط على هيئة أعداد ويطلب من الطالب الوصل بين هذه النقاط، وقراءة العدد الناتج، وتكرار هذه العملية عدة مرات حتى إتقانها. كما يمكن توزيع أوراق على الطلاب عليها أرقام منقوطة وأسهم تشير إلى بدأ الحركة، ويصلون بينها على سبيل التدريب والتمرين وحفظ شكل العدد.

وسيواجه المعلم حقيقة كون الكثير من الطلاب يخلطون بين العددين 2،6 لمعاناتهم من صعوبة التوجه المكاني، لذا نقدم لهم تمرينات متعددة تتكون كل منها من صور لشيئين ولستة أشياء ونطلب منهم في البداية أن يصلوا بين النقاط المرسومة تحت كل من شكلي الأشياء التي يتشكل من وصلها العدد2 أو العدد6.

المرحلة"2": قبل أن ننتقل إلى المرحلة رقم 3 يجب تمرين وتدريب الطلاب على المقارنة بين الأعداد من حيث الأكبر والأصغر من خلال أمثلة وتمارين عملية وحسّية.

المرحلة "3": تمرين الطلاب إلى استعمال العَدّ للربط بين الحركة من شيء إلى شيء،والحركة من رقم إلى الرقم الذي يليه. ومن التمارين العملية والمفيدة في هذا المجال تكليف الطالب بمعرفة العدد المناسب ووضعه داخل المربع هكذا:

3 ☐ 5 ، 6 ☐ 8 ، ....

المرحلة"4": يقوم المعلم بتوسيع مهارة العد إلى الأمام لتشمل العد العكسي، ولا شك بأن التمرين المكثف والمستمر والذي نزيل فيه شيئا من مجموعة كل مرة يرجع الطفل إلى الخلف عددا يساعد على تكوين وتثبيت هذه المهارة، وبالإضافة إلى ذلك يمكن أن نقدم للطفل بطاقة مرسوم عليها بقلم الرصاص عدة خطوط ونطلب منه أن يمسح خطا واحدا منها ثم يذكر عدد الخطوط الباقية، أو أن نقدم للطفل عدة مجسمات أو حبات من الفول ونطلب منه إزالة واحدة منها ومعرفة الباقي، ثم أخرى ومعرفة الباقي ..... وهكذا. ومن الممكن أن يتعلم الطلاب ذلك باستخدام درج المدرسة حيث يعدون الدرج بصوتٍ مسموع تصاعديا وهم يصعدون، وتنازليا وهم ينزلون.

المرحلة "5": ضرورة توظيف خط الأعداد بصورة دائمة وفاعلة في كل مستويات الرياضيات لأنه يوضح ترتيب الأعداد ويبدأ في تكوين الصلة والعلاقات بين الأعداد والمسافات.

المرحلة "6": تدريب الطالب وتمكينه أن يربط بعض رموز الأعداد وقيمة كل منها بخطوط صنعية ترسم على رمز العدد،علما بأن هذه التذكرة الصنعية تفيد بعض الطلاب.

المرحلة"7": (التلميحات البصرية لمفهوم العدد)

لقد أظهرت التجارب أن حاسة البصر تقتصر على حوالي خمس أو ست وحدات، أي أن معظم الأطفال يتعرفون فورا عدد الأشياء إذا كانت في مجموعات تتكون الواحدة منها من واحد أو اثنين أو ثلاثة أو أربعة أو خمسة أو ستة أشياء دونما حاجة إلى عدها، ويظهر مع هذه الحقيقة أن للأطفال(حِسا) بنيويا بحجوم أو قيم هذه الأعداد. كما لوحظ أيضا أنه بدءا من ستة أشياء فما فوق فإن الحاسّة البصرية العددية تتعب، حيث لا بد من عّدْ هذه الأشياء ما لم توجد تلميحات أخرى في ترتيب هذه الأشياء فتنميها وتسهل معرفة عددها.

ب. **تعليم الجمع والطرح:** لا بد في البداية من توضيح المقصود بالحقائق الأساسية في الجمع والطرح، وهي ناتج جمع عددين طبيعيين لا تزيد قيمتها على 18، أو طرحها من بعضها البعض بحيث لا يزيد الكبير فيهما- أي المطروح منه - على 18. كما تعتبر عملية ومهارة الجمع هي الأساس الذي لا غنى عنه في تعلم وفهم وإدراك الأساس لكل العمليات التي تليه، وهي طريقة قصيرة للعد، وعلى الطلبة أن يعودوا لها عند شعورهم بالفشل في أية خطوة، ولا بد من معرفة الرمز الخاص بها(+: وضع الإشارة مع بعضها) وإشارة(=: تعني أن الأشياء متساوية). ولا بد من استخدام الأجسام والبطاقات ومن ثم الانتقال لاستخدام الجمل التي لها علاقة بالأرقام مثل: 3+2= 000 ومنها يستطيع أن يعرف الطالب أن 000+2=5 أو 3+000=5 .

وإن من الصعب تدريس الطلاب جمع رقمين يكون مجموعهما ضمن 10-20 لذا من الأسهل البدء بالأرقام المضاعفة مثل : 8+8=16

ثم نسأل ما هو حاصل جمع 9+8=000 ولا بد أن يكون أكبر من العدد 16 بمقدار 1

وحتى يتعلم الطالب ناتج جمع 5+7 نأخذ من 5 بمقدار 2 فتصبح 3، 7+3=10، ثم نضيف إلى هذا الناتج العدد 2 الذي أخذناه قبل قليل فيصبح 10+2=12 .

أهم حقائق الجمع وأساليب تذكرها:

1. **حقائق الصفر:**

- يقوم المعلم بعرض صندوق فارغ أمام الطفل.
- يضع المعلم 5 أشياء في الصندوق لتصبح المعادلة 0+5 على أساس أن الصندوق فارغ لا يوجد فيه إلا صفرا.
- تصبح الحقيقة الآن 0+5=5
- يكرر المعلم هذه العملية عدة مرات بزيادة أو نقصان الأشياء التي يضعها في الصندوق.
- تكليف الطلاب أنفسهم بتجربة هذه العملية.
- استخدام وسائل أخرى غير الصندوق مثل: طاقية(قبعة) أحد الطلاب، حقيبة: أحد الطلاب بعد تفريغها من محتوياتها، كأس، صحن... الخ .

2. **استعمال المضاعفات:** يستطيع الطلاب **أن** يتعلموا الحقائق الأساسية باستخدام المضاعفات مثل 2+2=4، 3+3=6، 4+4=8، 5+5=10، 6+6=12، 7+7=14، ... وهكذا.

فإذا كان الطالب يعرف أن 6+6=12 يسهل عليه حساب 6+7 أو 6+5

3. **العَدّ:** عند جمع 7+2=000 يمكن أن يعد الطالب بدءا من العدد الكبير وهو 7 ثم 8 ثم 9، بدلا من أن يبدأ العد من العدد الصغير وهو2، 3، 4...، لذا يجب تدريب وتعويد الطالب أن يبدأ العّدْ بالعدد الذي يلي العدد الكبير مباشرة، وقد يخطئ بعض الطلاب فيعدون العدد نفسه حيث يمثل الإصبع الأول 7 ثم يضيف الإصبع الثاني فيكون المجموع 8، ويمكن تعليم الطلاب هذا المبدأ قبل تعليم العمليات، حيث لا يحتاجون حينذاك إلا لتطبيق المبدأ.

4. **استخدام فكرة بَدَلية:** ونعني بها الخاصية التبديلية، حيث أن جمع أي عددين يعطي دائما نفس الجواب بصرف النظر عن ترتيبها مثلا:

4+5=5+4

2+1=1+2

6+3=3+6 ..... وهكذا

- تدريب الطلاب عمليا من توزيع نماذج، أو مواد مختلفة عليهم مثل حبات الفول، العيدان، الأقلام، البطاقات.... وغيرها من الوسائل والنماذج والمواد، وتكليف كل طالب بأن يلعب مع زميله في الصف هذه اللعبة ويتأكدون بأنفسهم من خلال اللعب فكرة وتطبيق هذه الخاصية الهامة.

5. **زيادة أو إنقاص 1 من حقيقة معروفة:** قد يعرف الطالب أن 5+5=10 ولكنه قد لا يعرف بسهولة أن 5+6=11 حيث نجده يعود إلى العّدْ بالأصابع مجددا. فإذا تعلم أن 5+6 هي مثل

5+5 وإضافة 1 إلى المجموع يسهل عليه معرفة المجموع، وبالمثل يمكن تعليمه أن: 5+4 مثل 5+5 ناقص 1 من المجموع. لذا فمن المهم والواجب تدريب الطلاب على هذه المهارات عمليا من خلال المواد والأشياء المحسوسة، بحيث يطبقها المعلم أولا ثم الطلاب، ثم مجموعات الطلاب من خلال ألعاب وطرائق مسلية تضفي الحركة والنشاط والسعادة لدى الأطفال.

6. **استعمال العشرات:** يمكن أن يتعلم الطلاب جواب 10+ أي عدد مفرد، بطريقة إبدال الصفر بالعدد المجموع إلى العشرة. مثل 10+3=13، 10+5=15.

7. **استعمال التسعات:** هناك طريقة أو إستراتيجية يستخدمها الطلاب في حقائق الجمع التي تتضمن العدد9، فقد يعملون على أساس أن 9 هي 10 ثم يطرحون 1 من المجموع مثل: 9+7=10+7-1=17-1=16

8. **العَدْ المضاعف:** يمكن تدريب الطلاب العَدْ بدءا من العدد:10، 20، 30، 40،.... وبعد إتقان هذه العملية تعليمهم العَدْ بالخمسات:5، 10، 15، 20.... ثم بعد ذلك بغير ذلك من الأعداد الطبيعية:

2، 4، 6، 8، 10.....

3، 6، 9، 12، 15....

4، 8، 12، 16، 20... وهكذا

* وبعد أن يتأكد المعلم من أن طلابه قد أصبحوا قادرين على جمع الأرقام ينتقل بهم لتعلم مهارة الطرح كخطوة ثانية. وأول ما

يجب أن يتعلموه هو الرمز، الإشارة (-) وتعني ناقص أو ما نأخذه ونبعده عن المجموعة.

يبدأ المعلم بتأكيد مفهوم الطرح ويلجأ في هذا المجال إلى أمثلة محسوسة وملموسة متنوعة، كأن يضع أربعة أصابع طباشير أو أقلام على الطاولة، ثم يكلف أحد الطلاب بأخذ واحدة منها ثم يسأل، كم بقي منها على الطاولة؟ ثم يطلب من طالب آخر أن يأخذ منها واحدا آخر، ويسأل: كم بقي منها؟ وكم أخذنا منها؟ وهل نقصت الأقلام أم زادت بعد أن أخذنا منها 2؟

وقد يرسم المعلم على السبورة خمسة مستقيمات عمودية ويطلب من الطلاب عدها، ثم يمسح اثنين منها ويسأل كم مستقيما بقي؟

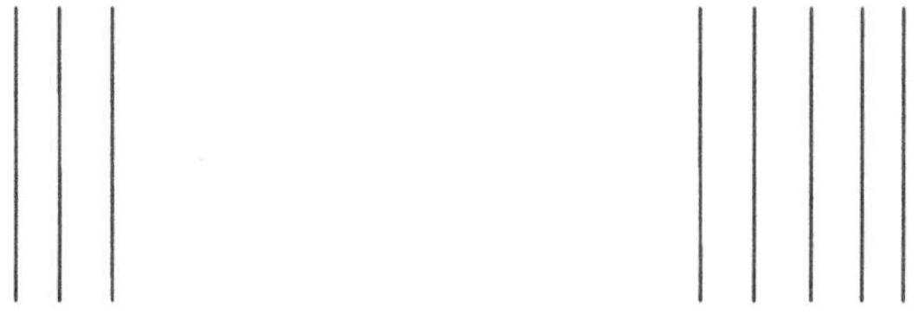

3   5

ويستمر المعلم في هذه الأمثلة المحسوسة، ويزيد تدريجيا إلى أن يتأكد أن طلابه قد أصبحوا يفهمون معنى عملية الطرح، ثم يعمد بعد ذلك بوضع تمارين مقرونة بصور حسّية لتدل على عملية الطرح.

وتعتبر الحقائق الأساسية للطرح بشكل عام أصعب على الطلاب من حقائق الجمع، ويمكن المساعدة على إتقانها بقرن حقائق الطرح بحقائق الجمع معكوسة للطالب والتي يفترض أنه قد استوعبها

وأصبح قادرا على تطبيقها في مواقف جديدة، ومن ذلك أن المعلم عندما يتكلم ويكتب حقائق الجمع، يمكن أن يستخدم أكثر من طريقة، كأن يستخدم حقيقة 4+6=10 ليصوغ منها ما يلي: ما مجموع 4و6 وما مجموع 6و4، ما العدد الذي نضيفه إلى4 ليكون المجموع 10 أو جد العدد الصحيح في كل فراغ مما يلي:

000=4+6

10=000+4

10=6+000

ويمكن ملاحظة أن الأمثلة تقود الطالب ليرى أن الطرح في حقيقة الأمر عملية إضافية. ويجب على المعلم في هذه المرحلة أن يؤكد في ذهن الطالب أن ال10 يمكن أن تقسم إلى مكونين هما4، 6، ولكنه الآن لا يعرف إلا المجموع وأحد المكونين، وتؤدي الأمثلة واستخدام كلمات ناقص أو اطرح إلى أن ينقل معرفته من الجمع إلى الطرح، والخلاصة أن الطفل ينبغي أن يتعلم أن الجمع والطرح هما تذبذبات لعملية واحدة.

ج. **تعليم الضرب والقسمة:** لا بد من توضيح العلاقة بين مفاهيم الضرب والقسمة ومفاهيم الجمع والطرح لكل من المعلم والطلاب لعدة أسباب هي:

1. إن مفاهيم الضرب والقسمة تستخلص من مفاهيم الجمع والطرح.
2. إن الضرب والقسمة يمكن أن تفسر بطرق تتصل بالجمع والطرح.

3. يمكن فهم الضرب من عدة زوايا أو تمثيلات متساوية في النتيجة وهي:

الجمع المتكرر، المصفوفات، التمثيل المستقيم ومجموعات الضرب. كما يوجد حوالي مئة حقيقة أساسية في الضرب (من 0 ـ 9) ينبغي أن يتقنها الطالب لأقصى حد ممكن، وكما هو الحال بالنسبة للجمع، يمكن خفض عدد هذه الحقائق باستخدام خواص الضرب، ولا شك بأن الكثيرين يواجهون صعوبات كثيرة في اكتساب استجابات آلية لهذه الحقائق، إلا أنه بالتمرين المستمر والتمارين المناسبة والمعدة إعدادا خاصا يستطيع أكثرية الطلاب بلوغ هذه الغاية واكتساب المهارات المطلوبة.

أما القسمة: يمكن تدريس وتقديم القسمة بأربعة أساليب على الأقل هي:

1. مشاركة أو توزيع إلى أجزاء

2. إيجاد كم عدد في عدد معين

3. عملية معاكسة لعملية الضرب

4. تكرار لعملية الطرح

أمثلة :

12 مقسومة على 3 تعطينا 4

كم ثلاثة في 12؟

$12 \div 3 = 000$ ، $000 \times 3 = 12$

$12 \div 4 = 000$، $12 - 4 = 8$، $8 - 4 = 4$

$4 - 4 = 0$

د. تعليم الكسور: يمكن النظر إلى الكسور على أساس أنه جزء من كل، أو أنه مجموعة جزئية من المجموعة الأصل، وإن أكثر التفسيرات قبولا لحقيقة كون الكسر جزءا من كل، البدء باستخدام أمثلة واقعية لإدخال الطلاب إلى مفهوم الكسور، كأن تقسم رغيفا مثلا إلى قسمين متساويين وتسمى كل جزء نصفا وتعبر عنه، لأن الرغيف(1) قسم إلى (2) وهي المقام، كما يمكن تمثيل ذلك في تفاحة أو كعكة، أو ورق مقصوص بأشكال مختلفة أو طبشورة أو أي شيء آخر يراه المعلم وسيلة مناسبة لتوضيح المفهوم، على أن يكون الجزءان متساويان.

الكسورالمتساوية أو المتكافئة:

تتساوى الكسور إذا كانت تغطي نفس المساحة من ورقة مربعة. ويمكن طيّ الشيء المغطى نفسه بأكثر من شكل وإنتاج أكثر من جزء لمساعدة الطلاب على استيعاب المفهوم. ويجب الانتباه إلى أنه إذا كان الكسرين نفس البسط مثلا فإن الكسر الذي يزيد مقامه على الكسر الآخر تكون قيمته أقل من الآخر، فمثلا $\frac{5}{3}$ أصغر من $\frac{5}{2}$ ، $\frac{3}{6}$ أصغر من $\frac{7}{4}$

ومن الأخطاء المحتملة والتي يمكن أن يقع بها الطلاب ما يلي:

1. إن بعض الطلاب يخطئون عند استخراج الكسر المكافئ، فيضربون إحدى حدي الكسر(البسط أو المقام)، ولا ينتبهون إلى ضرورة ضرب الحد الثاني بنفس العدد الذي ضرب به أو قسّم عليه الحد الأول، فضلا عن أن بعضهم قد يضربون البسط في عدد والمقام في عدد آخر.

2. وقد يخطئ بعض الطلاب عند المقارنة بين الكسور فيحسبون أن المقامين المتماثلين في

كسرين يعنيان تكافؤ الكسرين دون النظر إلى اختلافهما في البسط، هكذا $\frac{3}{9}$ ، $\frac{5}{9}$ أو $\frac{2}{4}$

$\frac{3}{4}$ ..... (إن تساوي المقامين لا يعني تساوي قيمة الكسرين) لذا على المعلم تمكين

الطلاب من تلافي هذه الأخطاء عن طريق الأشكال المظللة، وبالمزيد من التدريب

والتمارين الهادفة ومع استمرار تذكيرهم بأن البسط يعني عدد الأشياء المأخوذة (المظللة)

من الكل.

هـ . تعليم القياس: يتضمن القياس مجالات عديدة مثل: الوزن والحجم والمساحة والطول والوقت

والنقود، وغالبا ما يقوم المعلم بتدريس القياس ومجالاته المختلفة من خلال الاستعانة

بمشكلات عملية محسوسة وملموسة. وسنقوم في هذه الدراسة باستعراض موضوعين هما(

الوقت والنقود) نظرا لأهميتها في الحياة العملية بحيث لا يمر يوم دون التعامل معهما.

* **تعليم مفهوم الوقت:** إن المهمات التالية والتي سنتطرق إليها ستساعد الطلاب في تكوين مفهوم

الوقت والتعامل مع الساعة ومعرفة أيام الأسبوع وعدد الشهور والإفادة من معلوماتهم الرياضية

السابقة في التعامل مع الوقت.

1. سلسلة الحوادث : يتم تكليف الطلاب بالحديث عن الروتين العادي لليوم المدرسي بحيث

يسلسلوا الأحداث اليومية منذ الصباح والقدوم إلى المدرسة وحتى العودة إلى البيت،

بحيث يقوم المعلم بتوجيه الطلاب وإرشادهم والاستفادة من

المعلومات والأحداث التي يذكرونها في إيصال المفهوم المطلوب إلى أذهان طلابه.

2. **طول المدة:** يطلب المعلم من الطلاب أن يتعرفوا الحوادث التي تأخذ زمنا أطول بحيث تطرح عدة حوادث ويطلب من الطلاب أن يرتبوها وفقا للأطول زمنا أو للأسرع في الحدث، أو أي برنامج تلفزيوني يشاهدونه أطول من الآخر، وأيهما يبدأ قبل الآخر، ويستطيع المعلم تذكر أو استغلال الكثير من الأحداث التي يمر بها الطلاب لإيصال هذا المفهوم إلى الطلاب بسهولة.

3. **استغلال النشاطات :** يستطيع المعلم الاستعانة بمفكرة النشاطات الأسبوعية لمناقشة النشاطات التي تتم كل يوم، كأن يقول مثلا: اليوم الثلاثاء، ما الفعالية المميزة التي نقوم بها يوم الثلاثاء؟ لمن البرنامج الإذاعي المدرسي لهذا اليوم؟ هل يوجد في برنامجكم حصة رياضة هذا اليوم؟ في أي حصة النشاط الرياضي؟... وهكذا كما يستطيع المعلم استغلال فكرة الدقيقة والنصف ساعة بتوقيت مدة النشاط والربط بينهما، واستغلال وجود ساعات مع الطلاب وتوظيفها بشكل هادف وفاعل، فمثلا قد يكلف المعلم الطلاب أن يغلقوا عيونهم مدة دقيقة واحدة، ويسألهم كم دقيقة يستغرقون في تناول الغداء، أو كم من الوقت يستغرقون في حل واجباتهم الرياضية، ويستطيع المعلم تقديم هذه الأوقات الزمنية واحدا تلو الآخر، ولا ينتقل من وقت إلى آخر إلا بعد فهم الأول فهما تاما من خلال اللعب والعمل والنشاط العملي الهادف والمخطط له تخطيطا جيدا.

4. **توظيف الساعة (ابدأ بالساعة):** يقوم المعلم بعرض نموذج حقيقي لساعة حائط كبيرة وواضحة، ولا يتعرض المعلم لعقارب الساعة إلا بعد أن يفهم الطالب معنى مرور الوقت، وكم تستغرق الحوادث المعروفة لديهم(كم تستغرق من الوقت قدومك من البيت إلى المدرسة)، (كم زمن الفرصة"الفسحة") هل هي كافية لقضاء حاجتك وتناول ساندويشتك، هل زمن الفسحة كافيا؟ ماذا تقترح؟ ثم يبدأ المعلم بعقارب الساعات، ولا يتعرض لعقارب الدقائق إلا بعد أن يستطيع الطلاب أن يتعرفوا بدقة الزمن بالساعة، ثم يتحول معهم فيعرفهم باتجاه حركة عقارب الساعة، وكم تساوي حركة كل عقرب إذا دار دورة كاملة بدءا من 12 وانتهاء بها، وأن لكل عقرب سرعة حركة خاصة به، فعقرب الثواني يدور بسرعة وهو أسرع من غيره من العقارب(انظر إلى ساعة الحائط، انظر إلى ساعة يدك) وكل دورة من عقرب الثواني تساوي دقيقة. أما حركة عقرب الدقائق فهي أقل سرعة ويتحرك هذا العقرب حركة واحدة(دقيقة واحدة) عندما ينهي عقرب الثواني دورة كاملة، ثم يقوم المعلم بشرح الأمر نفسة بالنسبة لعقرب الساعات مستخدما في ذلك ساعة الحائط وساعات اليد لدى الطلاب، ونماذج ساعات يصنعها المعلم مع طلابه كوسائل تعليمية.

5. **انتقل إلى الدقيقة:** ثبت عقرب الساعات على أحد الأرقام، وليكن الرقم 8، ثم ثبت عقرب الدقائق على الرقم12، فتكون الساعة آنذاك 8، ثم كلف أحد الطلاب بتحريك عقرب الدقائق رويدا إلى الرقم3 بحيث يقوم الطلاب بالعد خمسات ثلاث مرات

فيستنتجون أن الساعة هي 8:15 ويعلم الطلاب أن وصول الدقائق إلى 6 يعني أنه قطع 30 دقيقة. وهكذا إذا كان العقرب موجودا على يمين النصف الأيمن تكون الساعة (س وربع) وإذا كان على 9 الموجود على النصف الأيسر تكون الساعة س إلا ربعاً. وهكذا بالتمرين والتكرار العملي المحسوس والملموس يتعلم الطلاب مفهوم الوقت واستعمال الساعة وعلاقتها بالوقت.

كما يصار إلى تعليم الطلاب أن الساعة عندما تكون 12 نهارا يكون الوقت ظهرا، وعندما تكون12 ليلا يكون الوقت منتصف الليل، وبعد ذلك يبدأ صباح اليوم التالي. ثم يقوم المعلم بعد أن يتعرف الطلاب على استخدام الساعة وإدراك مفهوم الوقت، أن يتعرفوا الزمن على ساعة ويطابقوا بين الزمن على ساعة عقارب، وساعة رقمية الكترونية والزمن مكتوبا بالألفاظ.

* تعليم التعامل مع النقود:

كثيرا ما يواجه الطلاب صعوبة في تطبيق مفاهيم النقود لأنهم لم يتقنوا كثيرا من المفاهيم القبلية ومقارنتها ببعضها البعض، وكيف تتصل قيمة النقود بما يمكن شراؤه، ويستطيع المعلم من خلال سلسلة من النشاطات العملية المفيدة أن يقود الطلاب إلى تعرف قيمة النقود وكيفية التعامل معها، ومن هذه الأنشطة المفيدة نقترح ما يلي ونترك للمعلم حرية اختيار ما يراه مناسبا من الأنشطة الأخرى الهادفة:

- يقوم المعلم بتقسيم الطلاب إلى مجموعات، ويحضر علبة بها كمية كافية من النقود (القطع النقدية) ويوزعها على المجموعات الطلابية.

- أطلب من الطلاب أن يشيروا إلى القطعة النقدية عند ذكر اسمها، بحيث يبدأ المعلم بنوعين من القطع في البداية، ثم ينتقل إلى أكثر من ذلك فيما بعد.

- يجب ملاحظة أنه لا يشترط أن يكون الطالب قادرا على تسمية القطعة النقدية، بل يكتفي بالبداية بقدرتهم على التعرف إليها عند ذكر اسمها أو رؤيتها، ثم بعد ذلك يتعرف الطالب على اسمها ويذكر قيمتها عند رؤيتها.

- يقوم المعلم بتدريب طلابه على ذكر اسم القطعة النقدية وقيمتها في مرحلة لاحقة، بحيث يطلب من كل طالب أن يضع مصروفه الذي أحضره معه، وأن يضعه أمامه على المقعد، ثم يطلب من كل طالب أن يتحدث لزملائه بصوت مرتفع: أنا معي.....، بحيث يرفع القطع النقدية بيده ويريها لزملائه وهو يعرضها ويتعرف إليها.

- يمكن للمعلم الاستعانة بتمثيل الأدوار في تعريف الطلاب بقيمة النقود، كأن يقوم أحدهم بدور البائع وآخرين بدور المشتري، كما يمكن للمعلم اصطحاب الطلاب إلى مقصف المدرسة وتدريبهم على كيفية الشراء وعد النقود وإعطاء النقود لعامل المقصف مقابل شراء المطلوب (حلوى، عصير، ساندويش، بسكوت، شيبس..)

- ثم يقوم المعلم بتدريب الطلاب على تنويع عمليات الصرف كأن يصرفوا الدينار بشلنات أو الدراهم بقروش.... وهكذا.

ومن المهم عند التعامل مع الطلبة أن يقوم المعلمون بتدوين الأخطاء التي يقع بها الطلبة وتوثيقها خلال أداء الطلاب للعمليات الحسابية، وذلك من أجل توجيه الطلاب في الوقت المناسب وتدريبهم على تصحيح الأخطاء، كما على المعلم أن يفحص أداء الطلبة باستمرار،بسؤالهم عن طريقة أدائهم في حل المسائل والمشاكل، كما على المعلم تقع مسؤولية إلى أي درجة ثم استخدام النظريات التي تم تدريسها للطلبة، ومن ثم تحديد طريقة التفكير التي انطلق منها الطالب خلال خطوات العمل التي اتبعها وذلك من أجل الاستفادة منها في الحصول على تغذية راجعة مناسبة وتزويد الطالب بتغذية راجعة فورية من أجل تحقيق النتاجات المطلوبة بيسر وسهولة.

*** وهناك مجموعة من الأنشطة العامة التي يستطيع المعلم من خلالها الحَدْ من الأخطاء وزيادة السرعة في إجراء العمليات الحسابية وهي:**

1. يقوم المعلم بتعزيز الاستجابات السليمة للطالب في الوقت المناسب ويقويها ويدعمها ماديا ومعنويا.
2. يقوم المعلم بإعداد مسائل وتمارين رياضية ذات أهداف واضحة ومحددة وبحيث يمكن قياسها، ويقدمها للطلاب ويدربهم على حلها.
3. إن قيام الطلاب بإنجاز اللوحات والرسومات المطلوبة منها وإعدادها بشكل صحيح يعطي دلالة على فهم الطلاب.
4. أطلب من طلابك بضرورة إنجاز العمل بسرعة.
5. يقوم المعلم بتغذية روح التنافس الشريف بين الطلبة لتحقيق الأهداف المنشودة.

6. يقوم المعلم بتعليم الطلبة بعض القواعد الرياضية مثل: (ضعف العدد الزوجي يعطي عددا زوجيا).

7. يقوم المعلم بتعليم الطلاب العَدْ من خلال الجمع المتكرر.

8. يتدرب الطلاب على حل المسائل والتمارين الصعبة باستخدام البطاقات.

9. يستخدم الطلاب الألعاب في حل المسائل الرياضية ضمن تعليمات محددة.

10. إعطاء الطلاب وقت كافٍ للتدرب على الحل السريع.

11. يقوم المعلم بتدريب الطلاب على إيجاد العلاقة بين العمليات الحسابية كالجمع والطرح والضرب والقسمة، والكسور عند تعليم الطلاب الحقائق.

* وفي نهاية هذه الدراسة لا بد من الإشارة إلى أهم الصعوبات التي تواجه طلاب المرحلة الابتدائية الدنيا في تعلم مادة الرياضيات.

هناك جملة واسعة من الصعوبات التي تتصل بشكل خاص بالرياضيات فيما يلي بعضا منها:

1. كتابة الأرقام معكوسة كما لو أنها ظاهرة في صورة مرآة.

2. الخلط بين كتابة العددين(2،6)، (7،8).

3. صعوبة إدراك العدد التالي.

4. صعوبة إدراك العدد السابق.

5. صعوبة في فهم قيمة المنزلة.

6. صعوبة تمييز العدد الأكبر، وذلك بالتركيز على العدد الذي يحوي أرقاما أكبر بدلا للعدد ذو القيمة المنزلية الأكبر. فمثلا يعتبر أن 29 أكبر من 32.

7. الخلط بين الآحاد والعشرات عند كتابة بعض الأعداد مثل: 10 تكتب(1.)،37 تكتب(73).

8. عدم القدرة على فهم معنى إشارات العمليات المختلفة والخلط بينها(=، -، ×، ÷)

9. عدم كتابة الأرقام في مواقعها عند إجراء العمليات الحسابية، أي عدم مراعاة الترتيب في المنازل.

10. صعوبة كتابة الأعداد الأكثر من 3 منازل كتابة صحيحة.

11. صعوبة في أداء المقارنات فهو لا يتقبل أن النصف $\frac{1}{2}$ يساوي $\frac{2}{4}$ أو الأربع أثمان $\frac{4}{8}$.

12. عدم القدرة على الاحتفاظ بالأعداد في الذاكرة عند إجراء العمليات الحسابية.

13. صعوبة التمييز بين مفاهيم الطول والمساحة والحجم، وبالتالي يجد صعوبة في التمييز بين الكرة والدائرة أو بين المستطيل ومتوازي المستطيلات...

14. عدم القدرة على حفظ حقائق الضرب.

15. عدم القدرة على تحديد العملية اللازمة لحل المسألة.

16. عدم القدرة على تشخيص الأفكار الهامة في مسألة لفظية

الفصل السابع

أساليب تدريس بعض مواضيع في الرياضيات.

مقدمة:

تعتبر العمليات الحسابية مثل الجمع والطرح والضرب والقسمة عمليات أساسية سواء في الرياضيات التقليدية أو المعاصرة، حيث تركز الرياضيات المعاصرة على المفاهيم والمعاني بالإضافة إلى المهارات، ويدعو الاتجاه الحديث في تعليم الرياضيات إلى اعتماد طريقة الاكتشاف الموجه الذي يدعو الطلاب إلى اكتشاف المفاهيم والمعاني بأنفسهم بتوجيه من المعلم، لأن الطالب الذي يكتشف الحقائق والمفاهيم بنفسه يتولد وينمو لديه اتجاه حب المعرفة. ولكن الطالب الذي يكتسب المعلومات بالتلقين يتولد لديه الإحباط لأنه يرى أن هذه المعلومات يصعب أن يتوصل إليها لوحده،مما يدفعه إلى التساؤل: ما أهمية هذه المعلومات؟، لماذا ندرسها؟، ما الهدف من دراستها؟، ماذا نستفيد منها؟. ويلاحظ المعلم بأن الطريقة الحديثة لتدريس العَدْ والعدد والعمليات الحسابية تركز على فكرة المجموعات.

العَدْ والعَدد والترقيم:

1. **المجموعات:** تعتبر لفظة مجموعة واضحة لغويا، وهي تعني عددا من الأشياء، ولكن المجوعات التي نختارها لنحدث طلابنا عنها تكون عناصرها محددة، حتى يتعرف الطلاب على العناصر التي تحويها هذه المجموعة والعناصر الغير محتواه فيها. ومن الأمثلة على هذه المجموعات:

- مجموعة طلاب الصف الذين تبدأ أسمائهم بحرف الميم.

- مجموعة طلاب الصف الذين تبدأ أسمائهم بحرف السين.

- مجموعة الطلاب الأوائل في المدرسة.

- مجموعة طلاب كرة السلة في المدرسة.

- مجموعة طلاب المدرسة الذين يسكنون في الحي الشرقي.

** ويجب توضيح اقتران مجموعتين ليتضح للطالب فكرتان:

أ-   المجموعة الأولى أكبر من الثانية: أي أن عدد عناصر الأولى أكثر من عدد عناصر الثانية.

ب-   تساوي المجموعتين: أي أن، عدد عناصر المجموعة الأولى يساوي عدد عناصر المجموعة
الثانية، رغم اختلاف عناصرهما.

ومن هنا نلاحظ أن خمس دفاتر وخمس أقلام يدلان على مساواة عددية رغم اختلافهما من
الوجوه الأخرى.

وهكذا: أربع طلاب وأربع طالبات، وسبع سيارات وسبع عمارات. ومن خلال التدريس
نلاحظ بأن فكرة المساواة تكون أصعب على الطالب من فكرة مجموعة أكثر من مجموعة، ولكن
من خلال الأمثلة الحسّية والملموسة والمنتمية يمكن أن نوصل للطالب فكرة تساوي مجموعتين
عدديا. وربط المجموعتين يتم بطرق شتى، مثل وصل عناصر المجموعة الأولى بعناصر المجموعة
الثانية بواسطة خطوط أو أسهم، وعملية الربط هذه تعتبر تمهيدا جيدا للتعرف على أعداد العدد.

2. **أعداد العدد**: يعرف الطلاب العدد2 بسهولة لأن لكل منهم رجلين ويدين وعينين وأذنين
ووالدين...الخ لذا نبدأ بتدريس

العدد 2 بأن نطلب من كل طالب أن يضع أمامه قطعتان من الورق، أو دفتران، أو قلمان...وهكذا حتى يدركوا مفهوم العدد2. ثم نتأكد من أنهم قد تعرفوا على الرمز"2" بشكل جيد، وبذلك بأن نكتب هذا الرمز على بطاقة ونعرضها عليهم ونطلب من الطلاب أن يعطونا أوراقا أو أقلاما أو دفاترا بقدر هذا العدد. وأن يشيروا لمقدار هذا العدد بأصابعهم، ثم نمرنهم على كتابة الرمز"2" على مراحل وذلك بإعطائهم أوراقا كتب عليها الرمز"2" بنقاط باهته ويقومون برسم الشكل "2", وأخيرا نكلفهم بكتابة العدد "2" على السبورة ثم على الدفاتر ثم من الذاكرة. وبعد الانتهاء من تعليم العدد "2" ننتقل بنفس الطريقة لتعليم العدد4 ثم العدد3 ثم العدد5. وهنا نتعمد تجنب الترتيب الآلي لكي نضمن فهم الطلاب للأعداد التي يتعلمونها.

أما العدد"1" فنعلمه للطلاب عن طريق المجموعة الأحادية، أي المجموعة التي تحوي عنصرا واحدا فقط، أما الصفر فنعلمه عن طريق المجموعة الخالية. فنقول أن عدد عناصر هذه المجموعة هو"صفر" ويأتي تعليم الصفر بعد تعليم الأعداد من1إلى9. كما نقوم بتعليم الطلاب من 6 إلى 9 عن طريق تكبير المجموعات، فالمجموعة التي تحوي خمس عناصر يمكن إضافة عنصر واحد لها لتحصل على مجموعة تحوي 6 عناصر. وذلك برسم هذه المجموعات حتى يدرك الطالب بأن المجموعتين مختلفتين وأن الأولى أقل من الثانية، أما رموز هذه الأعداد فنتبع نفس الأسلوب السابق في تعلمها.

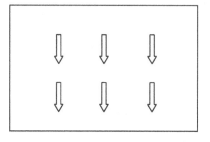 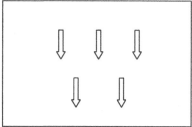

3.

4. **ترتيب الأعداد:** بعد أن يتعلم الطلاب مفاهيم ورموز الأعداد من0إلى 9، نبدأ بتعليمهم ترتيب هذه الأعداد وذلك بأن يكون كل عدد أكبر من العدد الذي قبله بواحد. والعدد الذي يليه يكون أكبر منه بواحد. ومن النشاطات التي يمكن استعمالها بطاقات ترسم على الأولى نقطة واحدة وعلى الثانية نقطتين... وهكذا حتى البطاقة التاسعة حيث يرسم عليها تسع نقاط، وبطاقة واحدة لا نرسم عليها أي نقاط. ثم نطلب من الطلاب ترتيبها تصاعديا ومن ثم تنازليا.

	00000000	000	0000	000	00	0

ونكرر هذه البطاقات من خلال استخدام رسوم لحيوانات أليفة من البيئة أو صور لفواكه مألوفة لديهم... أو أي رسومات مألوفة ومحسوسة لديهم لتدريبهم على ترتيب الأعداد من 0 إلى 9 ثم ترتيبها تصاعديا وتنازليا حتى يتم ترسيخ هذا المفهوم في أذهانهم.

5. **العد:** نبدأ بتعليم الطالب كيف يَعُد من واحد إلى عشرة في البداية، وحتى يتقن الطالب عملية العَدْ نقترح بعض النشاطات التالية مثل:

224

1. نعرض أما الطلاب لوحة عليها عشرة أقلام ونطلب من الطلاب أن يعدوها، عشرة أقلام ونطلب من الطلاب أن يعدوها، ثم نسألهم كيف حصلوا على هذا العدد، وبأي قلم بدأوا، وهل يتغير العدد إذا بدأوا بقلم آخر. ومن خلال الحوار والنقاش والأمثلة الحسّية والملموسة، يستنتج الطلاب أن عملية العد، هي ربط مجموعة الأقلام بالمجموعة 1، 2، 3 ......9، لذا لا نهتم بالترتيب الذي نبدأ به العَدْ، ولكن المهم هو ترتيب الأعداد من واحد إلى عشرة.

2. نطلب من الطلاب عد مجموعة من المساطر أو (الأقلام أو العيدان أو الحبوب كالفول والحمص.. الخ) وكلما عد مسطرة أزاحها حتى يفرغ من عد المجموعة كاملة.

3. نعطي الطالب مسطرة كتبت عليها الأرقام من 1 إلى عشرة، ثم نطلب من الطالب العد بحيث يضع الشيء الأول بجانب الرقم1، والشيء الثاني بجانب الرقم2 والشيء الثالث بجانب الرقم3... وهكذا إلى أن يضع الشيء العاشر بجانب الرقم10.

4. نطلب من أحد طلاب الصف أن يعد طلاب الصف بحيث يحفظ كل طالب رقمه، ثم يسأل المعلم أين الطالب رقم5 فيجيب أحدهم أنا الطالب رقم5، فيذكره المعلم أنه طالب واحد في الصف ويحمل رقم5، ومن هنا يدرك الطالب أنه طالب واحد ولكنه الخامس في الصف. ثم يعيد المعلم السؤال، أين الطالب رقم ثمانية، وأين الطالب رقم6..... وهكذا.

- ومن خلال الأمثلة الحسّية والتدريب والتطبيق والتحفيز يدرك الأطفال المبادئ التالية:

1. عدد أي مجموعة هو آخر عدد نذكره عند عَدْ هذه المجموعة ابتداء من 1.

2. إيجاد عدد عناصر أي مجموعة يتم بمقارنة عناصرها بعناصر مجموعة أعداد العَدْ.

3. هذه المقارنة تؤدي إلى ترتيب عناصر المجموعة أول، ثاني، ثالث...... الخ.

5.خط الأعداد:

إن خط الأعداد هو وسيلة عملية هامة كما هو مبين في الشكل، ويمكن عمله من شريط من الورق أو القماش أو على مسطرة خشبية كما يمكن رسمه على الورق أو على السبورة، وهو وسيلة جيدة وهامة لتوضيح فكرة العلاقات المرتبة، ويمكن استخدامه كوسيلة عملية لإجراء العمليات الأربعة عليه بسهولة، فالجمع والضرب حركة للأمام على هذا الشريط بينما الطرح والقسمة حركة للخلف. ويمكن استخدام هذا الشريط مثلا لتعليم الطالب جمع عددين 3،2 بأن يبدأ الطالب بالعد 3 ثم يسير للأمام خطوتين فيصل إلى المجموع، وهو5

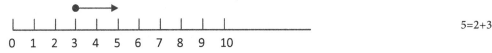

5=2+3

وكذلك عند طرح العدد 7من 10 مثلا يبدأ الطالب العَدْ من العدد عشرة ويسير للخلف7 خطوات فيصل إلى العدد 3 وهو حاصل الطرح.

3=7-10

كما يمكن تعليمهم العَدْ بمجموعات بأن يبدأوا من رقم معين ويسيرون خطوتين للأمام.

6.النظام العشري والترقيم:

بعد أن تعلم الطلاب أسماء الأعداد من 1 إلى 10 يصبح بإمكانهم العَدْ من واحد إلى المئة باستعمال هذه الأسماء فقط، وذلك باستعمال مجموعات كل منها مكون من عشرة. فإذا كان العدد 35 مثلا يعد الطلاب أول عشرة ثم ثاني عشرة ثم ثالث عشرة. فيكتشفوا بأن العدد مكون من ثلاث عشرات وخمسة، وهنا يوضح المعلم بأننا نبدأ بالآحاد ثم العشرات في العَدْ فنقول: خمس وثلاثون، وبتكرار عملية عد الطلاب والكراسي والأقلام والمقاعد والصفوف.... الخ يتوصل الطلاب إلى مفهوم الأعداد حتى 99.

ومن الوسائل التي يمكن أن يستعين بها المعلم على ذلك ما يلي:

1. حزم الأقلام أو الأعواد أو مصاصات العصير أو المساطر...الخ

2. لوحة الجيوب: فعندما يكون هناك عشر بطاقات يحزمها المعلم حزمة واحدة ويضعها في منزلة العشرات، ثم يكتب الرقم 1 تحت منزلة العشرات، والرقم صفر تحت منزلة الآحاد، وهكذا يبين المعلم معاني الأعداد حتى 99 وذلك باستعمال عدد مناسب من البطاقات.

3. المِعْداد: وهو وسيلة جيدة لتوضيح منازل الأعداد ومفهوم الصفر(السلك الفارغ)، وتعتبر هذه الوسيلة بداية التجريد، وذلك لأن الطالب يدرك أن خرزة واحدة في سلك العشرات

تعني عشرة، بدون أن يرى عشر بطاقات محزومة حزمة واحدة في منزلة العشرات كما في السابق. وبعد الوصول إلى العدد 99 وهو مؤلف من تسع حزمات كل منها عشرة وتسع آحاد، يفسر المعلم بأنه لا يجوز وضع أكثر من 9 حزمات في منزلة العشرات، فإضافة عدد جديد يجعل التسع آحاد حزمة تضاف إلى الحزمات الموجودة في حزمة العشرات، ولكن عدد الحزمات يصبح عشرة، وهنا لا يجوز إبقاؤها في منزلة العشرات، فنحولها إلى المنزلة التالية، وهي منزلة المئات فنحزم هذه الحزمات العشرة في حزمة كبيرة تسمى مائة. وبعد ذلك يمكن للمعلم تعليم أي عدد مكون من ثلاث منازل بنفس الطريقة السابقة، ثم ينطلق في تعليم أي عدد، ولكن يفضل تقسيم العدد إلى مجموعات كل منها مكون من ثلاث منازل:

الملايين	الألوف	الوحدات
192	224	123

فمثلا الرقم التالي يمكن قراءته كالآتي:

مائة واثنين وتسعين مليونا ومائتان وأربعة وعشرين ألفا ومائة وثلاث وعشرين.

العمليات الحسابية ومفاهيمها:

1. **تعليم مفهوم الجمع:** نبدأ تعليم هذا المفهوم بمجموعتين، ولتكن الأولى مكونة من ثلاثة عناصر والأخرى من خمسة عناصر، ثم نطلب من الطلاب ضم المجموعتين في مجموعة واحدة لنحصل على مجموعة أكبر فيها ثمانية عناصر وذلك

3+5=8، حيث يحصل الطلاب على النتيجة بالعَدْ. ويمكن الاستعانة بالمعداد أو خط الأعداد أو استخدام وسائل ملموسة كالأقلام أو المساطر أو العيدان....

ويستمر المعلم تدريب وتمرين الطلاب وإكسابهم الخبرة حتى يجعلهم يجمعون الأعداد حتى9+9 بطريقة آلية تلقائية بدون عناء أو جهد. وعلى المعلم كذلك توضيح الجمع التبديلي في هذا المجال أي أن 2+3 هي نفسها 3+2.

وقد يستعمل الطلاب أصابعهم في البداية ولكن على المعلم أن يدربهم إلى أن يجدوا المجموع بطريقة عفوية تلقائية في النهاية.

وعملية الجمع يجري التدرب عليها بالخطوات التالية:

أ- اكتشاف الحقيقة.

ب- التعبير عنها بلغة صحيحة.

ت- كتابتها بشكل صحيح.

ث- استعمال ما يلزم من رموز.

ج- التمرن على الحقيقة حتى يتم حفظها واستيعابها بشكل جيد.

ويمكن للمعلم أن يتدرج بتعليم الطلاب على الجمع بحيث يبدأ بأعداد لا يتجاوز مجموعها خمسة ثم يوصلها إلى مجموع عشرة... ثم إلى 18...، كما يستمر المعلم بتشجيع وتحفيز الطلاب على عملية الجمع مهما كانت الطرق التي يستخدمونها سواء كانت بطريقة جمع المجموعات أو حفظ المضاعفات... أو غيرها، فبعض الطلاب يحفظون مضاعفات 1+1، 2+2، 3+3 بسهولة فإذا أراد الطالب إيجاد مجموع 3+4 فيقول أنها 3+3 مضافا إليها واحد، لذا على المعلم أن

يتيح الفرصة لطلابه لاكتشاف أي علاقة ممكنة. وعلى المعلم أن يدرك أن حقائق الجمع لا تحفظ إلا بالتمرين وأن عدة تمرينات قصيرة على فترات أفضل من تمرين طويل متواصل حتى لا نعرض الطالب للتعب والملل.

2. **تعليم مفهوم الطرح:** على المعلم الاستمرار بتعليم الطلاب مفهوم الجمع حتى إتقانه بشكل جيد، ثم يبدأ بتعليم مفهوم الطرح، ولا يجوز تعليمهما معا في نفس الوقت، وبعد إتقان عملية الطرح يمكن للمعلم أن يوضح العلاقة بين المفهومين.

ويبدأ المعلم بتعليم مفهوم الطرح بحصر انتباه الطلاب في جزء من المجموعة، فالطلاب في الصف الأمامي هم جزء من مجموعة طلاب الصف، ومقاعد الصف الأمامي هي جزء من مقاعد الصف كاملة. ثم نسمي هذه الأجزاء مجموعات جزئية، لذا فالمجموعة الجزئية هي جزء من الكل، وعلى المعلم أن يلجأ باستمرار في تدريسه وتدريبه للطلاب إلى الوسائل المحسوسة والملموسة لإيصال المفهوم المطلوب بحيث يتحول الصف إلى دكان صغير يعج بالحركة والنشاط. ويسأل المعلم: مجموعة من ستة أقلام أخذنا منها مجموعة جزئية من قلمين فكم يبقى عدد الأقلام في المجموعة. ونستعمل هنا كذلك رسم المجموعات. مجموعات الأقلام، مجموعات الخرز، مجموعات المساطر، مجموعات العيدان... وعندما يكتشف الطالب حقيقة يجب كتابتها مثل 6 ناقص 2 تساوي 4. فالأربعة هي باقي طرح 2 من 6ثم نكتبها بالرموز 6-2=4. ولا بد للمعلم أن يلجأ إلى كثرة التمارين واستخدام الوسائل الممكنة والمتاحة مثل خط الأعداد والمعداد، وأن يوضح في النهاية أننا لا نستطيع طرح عددا من عدد أقل منه.

3. **تعليم الجمع حتى 18:** بالإضافة إلى ما تقدم من تعليم مفهومي الجمع والطرح فمثلا عند جمع 6+8 قد يعد الطالب عناصر مجموعتين سداسية وثمانية. ولكن يجب تدريب الطالب ليعرف حاصل الجمع بدون عملية العَدْ، وقد نلجأ إلى السؤال: ما العدد الذي نضيفه للعدد 6 حتى نحصل على العدد 10، وهنا يعرف الطالب أن العدد المطلوب هو 4، فنقول إذا أخذنا من الثانية 4 كم يبقى فيجيب الطالب 4 وهنا يكون مجموع 6+8 هو 10+4=14، ومن هنا يتضح لنا لماذا نكتب العدد 14 الذي هو 10+4.

وهكذا نتخلى تدريجيا عن عملية الجمع بالمجموعات إلى الجمع باستعمال خواص الجمع والطرح، ومن أفضل الوسائل التي يمكن استعمالها في هذا المجال خط الأعداد وقد نجد أن بعض الطلاب يتذكر 6+6، 7+7، 8+8.....، فإذا أراد إيجاد 7+9 نراه يحسبها 7+7+2، وهذه فكرة جيدة يجب تشجيعها لأنها فكرة صحيحة وتمثل اكتشافا ذاتيا من هذا الطالب وهذا الاستنتاج الذاتي يمثل حجر الأساس للتفكير الرياضي القادم. أما في حالة الطرح فيمكن استعمال الطريقة : 17-9=7+(10-9)=7+1=8.

وبتكرار مثل هذه التمارين يكتشف الطالب جمع حقائق الطرح من11-2 حتى 18-9. وهناك طريقة أخرى للطرح مثل: 14-8=(10+4)-(4-4)=10-4=6. وهناك طريقة ثالثة مثل: 8+7=15 تعني أن 7+8=15 تؤدي إلى 15-7=8 و 15-8=7. ومن خلال المران والتدريب قد يستنتج الطلاب طرقا أخرى يجب أن نشجعها ونقويها بكثرة الأمثلة والتمارين.

خوارزميات الجمع والطرح

1. **مفهوم الخوارزميات وتعليمها:** إن كلمة خوارزمية هي اصطلاح يدل على كل طريقة ذات خطوات محددة تتبع للحصول على نتيجة معينة. فعند ضرب أي عدد في عدد آخر قد نستعمل عدة طرق وكل منها تمثل خوارزمية، وقد يستعمل الطلاب إحدى الخوارزميات دون أن يدركوا لماذا تؤدي هذه الخوارزمية إلى هذه النتيجة، لذا يجب مناقشة ذلك وتوضيحه للطلاب حتى تتضح خطوات الخوارزمية ومفاهيمها ويدرك الطلاب المبادئ التي تنطوي عليها.

وخوارزميات الجمع والطرح مبنية على النظام العشري، لذا يجب أن يتعلم الطلاب هذا النظام ويفهموا مبادئه، لذا قد يستعين المعلم بالنقود التي تندرج وحداتها بنظام عشري لتوضيح هذا المفهوم عند تدريس خوارزميات الجمع والطرح.

2. **خوارزميات الجمع:** بعد أن يدرك الطلاب مفهوم الخوارزميات وأن يدركوا كيفية جمع الأعداد حتى 18. ويدركوا عدة صور للعدد الواحد مثل:

$52=2+50=12+40=22+30=32+20=42+10$، ويدركون منازل العدد، نبدأ تعليم خوارزمية الجمع بسؤال مثل: كم مجموع العددين 23، 27، أي كم يساوي 35+27، ثم نترك للطالب فرصة التفكير لتقديم مقترحات لإيجاد هذا المجموع، ونناقش مقترحاتهم هذه لمعرفة صحتها أو خطئها، ونناقش خطوات المقترحات الصحيحة بدقة لأنها ستؤدي إلى الخوارزمية المطلوبة وذلك بوضع الخوارزمية في الصورة التالية:

	عشرات	آحاد	
30+5 أو	3	5	35
20+7 أو	2	7	27
50+12	50	12	

أي **35+27=50+12=50+10+2=60+2=62**

وهنا ننتقل إلى الخوارزمية المعروفة التي تحمل فيها 1 إلى منزلة العشرات. وباستعمال المجموعات وإعطاء تمارين عديدة ومختلفة يمكن تعميق مفهوم خوارزمية الجمع، ثم نتوسع بجمع عددين أو أكثر من عدة منازل، ويجب أن لا ننتقل من مرحلة إلى مرحلة أخرى إلا بعد أن يتقن الطالب الخوارزمية السابقة لأن الخوارزمية اللاحقة ستعتمد على السابقة.

3. **خوارزميات الطرح:** قبل أن نبدأ في خوارزمية الطرح نقوم بطرح عدة أسئلة سهلة على الطلاب مثل: إذا كنت تملك 34 قرش، 4 قروش وثلاث قطع من فئة العشرة قروش، وأردت أن تشتري لعبة بثماني قروش كيف تعمل؟ وبعد التمرين الكافي نطرح سؤالا مثل: 17-43، وتترك المجال للطلاب للتفكير وتسمع مقترحاتهم، وبعد مناقشتها تستدرج الطلاب إلى الطريقة:

34=30+13

17=10+7

عشرات	آحاد
30	13
10	7
2	6

وبعد ذلك نعطي الطلاب مجموعة من التمارين، منها ما يطرح مباشرة، ومنها ما يحتاج إلى تحويل استلاف.

ضرب الأعداد الصحيحة:

1. **مفهوم الضرب:** يمكن للمعلم أن يوضح فكرة الضرب لطلابه عن طريق المجموعات مثل: إذا كان لدينا 5 مجموعات، كل مجموعة فيها 3 أقلام،فإن عدد الأقلام في المجموعات كلها = 3×5 أو 5 ضرب 3. ولإيجاد حاصل الضرب 5×3 يستحسن أن نلجأ إلى المضاعفات: 3، 6، 9، 12، 15، 18....، كما يجب على المعلم الابتعاد عن تفسير عملية الضرب عن طريق الجمع. كما يجب أن يدرك الطلاب عن طريق المضاعفات أو عن طريق الناتج أن 5×3=3×5. فلو صففنا 15 طالبا في ثلاث مجموعات في كل منها 5 طلاب ثم سمحنا للطلاب بعد اتحاد هذه المجموعات ، ثم نظمناهم في خمس مجموعات في كل مجموعة 3 طلاب، ثم تركنا لهم فرصة عَدْ اتحاد هذه المجموعات وجعلناهم يكتشفون أن، الناتج متساوٍ في الحالتين.

0	0	0	0	0	0
0	0	0	0	0	0
0	0	0	0	0	0
			0	0	0
			0	0	0

15=3×5 15=5×3

ويجب كتابة كل هذه النتائج التي حصل عليها الطلاب وذلك مثل:

$\times \begin{array}{r} 3 \\ \underline{5} \\ 15 \end{array}$ أو $\times \begin{array}{r} 5 \\ \underline{3} \\ 15 \end{array}$ × أو 15=5×3 أو 15=3×5

وبعد أن يتمرن الطلاب تمرينا كافيا وفاعلا على عمليات الضرب، أن يقوموا بعمل جدول الضرب لا أن يعطى لهم جاهزا.

وعند شروع الطلاب بعمل جدول الضرب بتوجيه وإشراف من المعلم يجب أن يبدأوا بالعشرات:

10=10×1

20=10×2

30=10×3

40=10×4..... وهكذا. ثم يملؤوا جدول الخمسات لأن العَدْ بالخمسات سهل عليهم، ثم باقي الجدول، أي أن يبدأ المعلم بالأسلوب

السهل على الطلاب من أجل إيصال المفهوم بسهولة إلى الطلاب وزيادة ثقتهم بنفسهم وتحفيزهم بالمضي قدما في عمل بقية جدول الضرب، وهنا يستطيع الطالب أن يبتكر، فنجد أن طالبا يحسب 9×7 من 9×2+9×5 وبهذا يحصل على خانتين في جدول الضرب في آن واحد، وما على المعلم إلا أن يفسح المجال أمام طلابه لأن يبتكروا ويشجعهم على هذا الابتكار، ولكننا لا نطلب منه برهانا، لأنه في هذه المرحلة يفكر ويستنبط بفطرته وبداهته.

وبعد إتمام تكوين الجدول نعقبه بمسائل وتمارين عملية هادفة ومخطط لها جيدا، والاستعانة في ذلك بالألعاب التربوية المختلفة والمحببة لدى الطلاب، لأن الهدف النهائي هو أن، يدرك الطلاب، مفهوم عملية الضرب وأن يحفظوا جدول الضرب بشكل تلقائي لا تلقيني.

2. **خوارزمية الضرب**: لتعليم الطلاب خوارزمية الضرب نبدأ بطرح سؤال مثل:43×8 ونترك للطلاب المجال الكافي للتفكير وطرح مقترحاتهم، ونناقش هذه المقترحات حتى نصل إلى الخوارزمية:

24 هذا 8×3

<u>320</u> هذا 8 ×40

344 هذا مجموع 24+320 وهو حاصل الضرب

وبتكرار مثل هذا التمرين مرات عديدة يتمكن الطلاب في النهاية من أن يضربوا عددين ويجدوا الجواب في سطر واحد مثل:

$$\begin{array}{r} 43 \\ \times\ 8 \\ \hline \end{array}$$

4 ونختزن عشرتين+32عشرة =4+24عشرة = 344، كل هذا يجب أن يحدث في الذاكرة وليس كتابة وذلك لتدريب الطلاب على تنمية ملكة الذاكرة والتفكير. وعند تعليم الخوارزمية نجعل الطلاب يستعملون مسطرة طولا وعرضا، وذلك لترتيب المنازل، وتدريب الطلاب على كتابة أعداد قبل البدء في عملية الضرب مثل: 124، 1200 ثم نذهب لمسألة الضرب، لقد اختزنا 5 عشرات ووضعناها في طرف منزلة العشرات، يضعها الطالب في البداية في طرف منزلة العشرات، ولكن بعد التمرين الكافي يختزنها الطالب في ذاكرته دون أن يكتبها. ثم ننتقل بعد ذلك إلى عملية ضرب عدد مكون من ثلاث أو أربع منازل في عدد مكون من منزلة واحدة. وفي النهاية يجب أن يتمكن الطالب من تقدير الجواب التقريبي وذلك باستعمال إشارتي > أكبر من، < أصغر من، وسيدرك الطالب بسرعة أنه إذا كان6<8 فإن 6×5< 8×5، وبما أن 28<30 فإن 28×7<30×7 . وبذلك فإن 28×7 أقل من 210، ولو سألنا الطالب أقل من 210 بكم؟ فستجد بعضهم يقول أقل من 210 بمقدار 7×2=14. وبذلك يستنتجون الإجابة الدقيقة بسرعة.

آحاد	عشرات	مئات	ألوف
4	2	1	
0	0	2	1

آحاد	عشرات	مئات
7	3	
8×		
6	9	2

قسمة الأعداد الصحيحة:

نبدأ بتوضيح مفهوم القسمة عن طريق المجموعات، مثل تقسيم طلاب الصف إلى ثلاث مجموعات متساوية أو تقسيم مبلغ من النقود على خمسة أشخاص بالتساوي، بحيث يكون لدى المعلم جدول فيه عدد من العمليات الواقعية المجهزة مسبقا وفي كل منها حالتين:

أ- عمليات معروف فيها عدد الأجزاء ونريد معرفة عدد العناصر في كل جزء.

ب- عمليات معروف فيها عدد العناصر في كل جزء ونريد معرفة عدد الأجزاء.

ثم نجري بعض الأمثلة العملية التي يجب أن يشارك فيها الطلاب مثل تقسيم 28 طالبا إلى أربع فرق بحيث نختار عشوائيا 4 طلاب ونصفّهم بجانب بعضهم البعض ليكون كل واحد منهم في مقدمة فرقته، ثم نأخذ أربعة آخرين ونصفهم وراء الأربعة الأوائل.... وهكذا نتوصل إلى أن كل مجموعة قد تكونت من سبع طلاب.

$$
\begin{array}{cccc}
0 & 0 & 0 & 0 \\
\\
0 & 0 & 0 & 0 \\
\\
0 & 0 & 0 & 0 \\
\\
0 & 0 & 0 & 0 \\
\\
0 & 0 & 0 & 0 \\
\\
0 & 0 & 0 & 0 \\
\\
0 & 0 & 0 & 0
\end{array}
$$

ومن هنا نسمي هذه العملية قسمة، والعدد 28 هو المقسوم والعدد 4 هو القاسم أو المقسوم عليه، والإجابة 7 تسمى ناتج القسمة ويشار إليها بالرمز ÷، ومن المفيد تكرار مثل هذه الأمثلة العملية والإكثار منها.

ويمكن استعمال خط الأعداد لتوضيح مفهوم القسمة،بحيث يبدأ الطالب بالعدد 20 ويعد أربعات نزولا حتى يصل إلى الصفر، فيجد أنه قد عد 5 مجموعات من الأربعات. وعن طريق هذه الأمثلة كذلك يمكن توضيح باقي القسمة. فلو بدأ الطالب بالعدد 22 ونزل على خط الأعداد عادا أربعات، فإنه سيصل في النهاية إلى آخر عددين لا يشكلان أربعات، فيكون باقي القسمة اثنان.

<u>فالقسمة إذا هي تجزئة.</u>

239

1. **تعليم حقائق القسمة**: يجب أن يفهم الطلاب بأن عملية القسمة هي تجزئة المجموعة إلى صفوف متكافئة، وأن باقي القسمة إن وجد، هو أقل من أن يشكل صفا مكافئا لأحد الصفوف المتكافئة، وأن باقي القسمة هو ليس جزءا من خارج القسمة ولكنه جزء من المقسوم. وننصح المعلم بضرورة الإكثار من الأسئلة والأمثلة العملية المستوحاة من الواقع لعرض مسائل القسمة وضرورة تدريب وتعويد الطلاب على كتابة هذه الأسئلة وإجابتها.

2. **خوارزمية القسمة**: لا نستطيع في جميع الأسئلة أن نستعمل التجزئة، لذا لا بد من خوارزمية لعملية القسمة، وقبل الدخول في هذه الخوارزمية نستذكر عملية الضرب مثل:

8×4=32 إذن 32÷4=8 وكذلك 32÷8=4 ومن خلال إجراء عمليات عديدة ومشابهة نستنتج أن: المقسوم عليه×خارج القسمة= القاسم(الباقي صفر). وقبل تعليم خوارزمية القسمة على المعلم أن يتأكد أن طلابه يعرفوا أن: 17÷3 يعطي 5، لأن 3×5=15، 3×6=18، وبما أن 17<18، 17>15 فإن الجواب 5، ومن ثم نستعمل خوارزمية القسمة: أي أن خارج قسمة17 على3 تساوي 5 وتكتب بالشكل التالي:17÷3=5 والباقي 2

وعلى المعلم أن يعمل على تدريب الطلاب على حل العديد من هذه الأمثلة حتى يتقنوا عملية القسمة وخوارزميتها بشكل سريع وآلي وفاعل من خلال حل العديد من الأمثلة على السبورة وعلى الدفاتر وواجب بيتي.

الكسور العادية:

إن أول من كتب الكسر هم الهنود، وقد كتبوا الكسر بصورة $\frac{أ}{ب}$ حيث يدل أ على عدد الأجزاء المأخوذة، ب يدل على الأجزاء الكلية. وقد نقل العرب هذه الطريقة عن الهنود وأضافوا إليها فكرة الخط ليفصل بين العددين أ، ب فأصبح الكسر يكتب على الصورة $\frac{أ}{ب}$، ب ≠ صفر حيث ب لا يساوي صفر، أ،ب عددين صحيحين، ويسمى العلوي(أ) البسط والسفلي(ب) المقام.

وعند تدريس الكسر على المعلم أن ينتبه إلى ما يلي:

1. أن فكرة الكسر ليست جديدة على الطفل في المرحلة الابتدائية، فهو يعرف نصف تفاحة، نصف رغيف، نصف قطعة حلوى....... وهكذا، لكن الكسر كمفهوم لا يكون واضحا عند الطفل، فعند قسمة تفاحة إلى قسمين يسمى كل منهما نصف، رغم أنها قد لا يكون متساويين تماما حتى نطلق عليهما اسم نصفين.

2. إن الكسر العادي يمكن استعماله في عدة مناسبات حيث يحمل في كل مناسبة منها معنى خاصا. فالكسر $\frac{4}{5}$ مثلا يمثل بإحدى الطرق التالية:

أ- أربعة أجزاء من خمسة أجزاء متساوية قسم إليها الواحد صحيح.

ب- خارج قسمة العدد4 على العدد5.

ت- النسبة بين العددين 4،5.

لذا يجب على المعلم أن يوفر كلا من هذه المناسبات من خلال أمثلة حسّية وملموسة وبالتدريب العملي ليظهر مفهوم الكسر فيها ويرسخ في ذهن الطالب.

مفهوم الكسر:

من أجل ترسيخ مفهوم الكسر عند الطالب نبدأ بتدريس الكسور العادية المألوفة للأطفال مثل: النصف، الثلث، الربع.... وهكذا، ونستعين في ذلك باستعمال أشكال منتظمة من الورق كالمستطيلات والدوائر. فعند تدريس النصف مثلا نأخذ ورقة مستطيلة الشكل ونطويها ونقسمها إلى قسمين متساويين، ثم نسأل: ماذا فعلنا بالورقة؟ فيجيب الطلاب قسمناها إلى قسمين، ثم نسأل أي القسمين أكبر، فيجيب الطلاب أنهما متساويين. وهكذا نكرر هذه العملية بأمثلة متشابهة عملية وحسّية حتى يرسخ مفهوم الكسر في أذهان الطلاب. وبنفس الطريقة نستطيع توضيح مفهوم باقي الكسور العادية، وقد نستعين في ذلك بالرسوم بالإضافة لطي الورقة، كما يمكن الاستعانة بلوحة كسور العائلات الواحدة: مثل لوحة العائلة التالية:

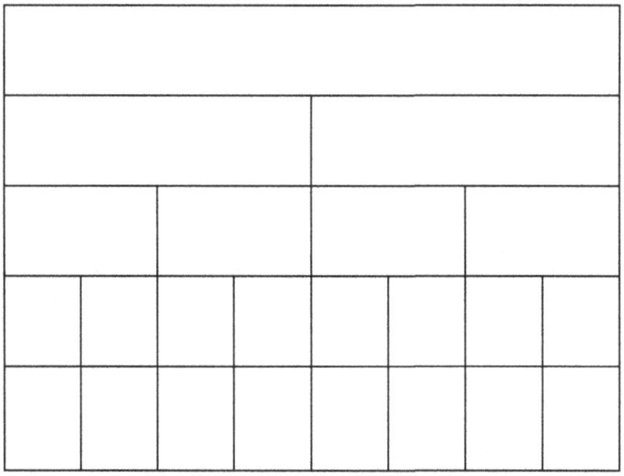

وكذلك لوحة مقارنة الكسور مثل:

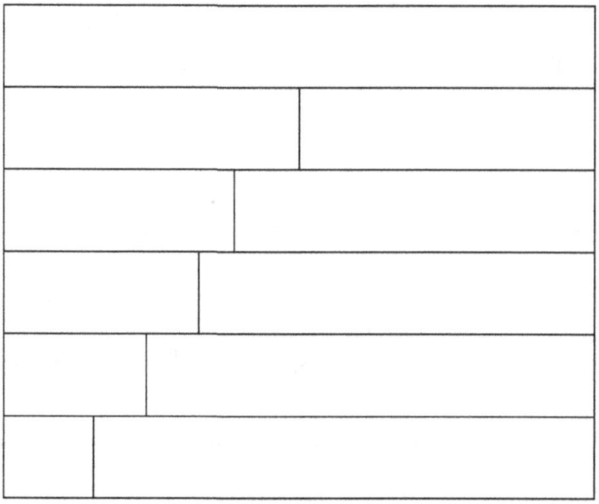

وإن استخدام المعلم لمثل هذه اللوحات يساعد الطلاب على استنتاج عدة علاقات مثل:

$$\frac{1}{2} \text{ أكبر من } \frac{1}{3}$$

$$\frac{1}{3} \text{ أكبر من } \frac{1}{4}$$

$$\frac{1}{4} \text{ أكبر من } \frac{1}{5}$$

كما نستنتج أيضا أن:

$$\frac{2}{2} = 1$$

$$\frac{4}{4} = 1$$

$$\frac{4}{8} = \frac{1}{2}$$

كما يستنتج كذلك أن:

$\frac{3}{4}$ أكبر من $\frac{1}{2}$ ، $\frac{3}{8}$ أكبر من $\frac{1}{4}$

وهنا يجب كتابة الكسور بالكلمات لأن الطالب لم يتعلم طريقة كتابة الكسور بعد.

قراءة الكسور وكتابتها:

نبدأ هذه العملية بتشويق وتحفيز الطلاب لكتابة الكسور وقراءتها من خلال الطلب منهم أن يكتبوا: واحد ثم خمس ثم ثلاثين....ثم نصف أو ثلث... فيبدأ الطلاب بالمحاولة من خلال مساعدة وإشراف المعلم. ثم نبدأ بالخطوات التالية:

1. في البداية تقدم للطلاب وسائل وأشياء حسّية مقرونة بالرموز الدالة عليها، ونبدأ بالكسور التي بسطها واحد.
2. نوضح مفهوم المقام بأنه عدد الأجزاء المتساوية التي قسم إليها الواحد الصحيح، ثم نوضح مفهوم البسط على أنه عدد الأجزاء المأخوذة من الأجزاء الكلية(المقام)، وأخيرا نعطي فكرة الخط الفاصل بين جزئي الكسر(خط الكسر).
3. نستمر بتدريب الطلاب من خلال أمثلة حسّية مختلفة مثل أشكال هندسية أو لوحات العائلات الواحدة وغيرها من الوسائل المناسبة لتعليم الطلاب قراءة الكسور وكتابتها.

تكافؤ الكسور العادية:

على المعلم أن يوضح للطالب أنه يمكن أن يكون للكسر الواحد صورا كثيرة مختلفة، ولكنها جميعا لها نفس القيمة مثل:

$$1 = \frac{2}{2} = \frac{4}{4} = \frac{5}{5} \ldots\ldots$$

أو $\frac{1}{2} = \frac{2}{4} = \frac{3}{6} = \frac{4}{8} = \frac{5}{10}$ ....

ويمكن تدريس هذا المفهوم بالاستعانة بلوحات العائلات، فلو أخذنا العائلة:

(1، $\frac{1}{2}$ ، $\frac{1}{4}$ ، $\frac{1}{8}$ ، $\frac{1}{16}$) لأمكننا استنتاج أن:

$$1 = \frac{2}{2} = \frac{4}{4} = \frac{8}{8} = \frac{16}{16}$$

وكذلك $\frac{1}{2} = \frac{2}{4} = \frac{4}{8} = \frac{8}{16}$

وكذلك $\frac{3}{4} = \frac{6}{8} = \frac{12}{16}$ ... وهكذا

وبعد أن يتأكد المعلم من تثبيت مفهوم تكافؤ الكسور في ذهن الطالب يقوم بطرح تمارين

مثل: $\frac{3}{4} = \frac{?}{16}$

ونطلب من الطالب أن يضع الرقم المناسب مكان علامة الاستفهام، وهنا قد يلجأ الطالب إلى لوحة العائلة السابقة ليستنتج أن العدد هو 12 والذي يجب أن يحل محل علامة الاستفهام حتى تبقى المساواة صحيحة، وللوصول إلى ذلك يبدأ الطالب بالتجريب كالآتي:

- ثلاثة أرباع الشيء أكبر من نصفه.

- ربع الشيء يكافئ 4 من 16 جزء متساوية للواحد الصحيح. أي أن $\frac{3}{4} = \frac{12}{16}$.

وبعد تثبيت المفهوم في ذهن الطالب نصل إلى القاعدة: {إذا ضرب حدا الكسر(البسط والمقام) في عدد واحد أو قسما على عدد واحد(عدا الصفر)، فالنتيجة كسر يكافئ الكسر الأصلي.} ومن هنا يستطيع الطالب تحويل الكسر إلى أبسط صورة، ووضع الكسر في صورة أخرى لمقارنته بكسور أخرى. ويمكن الاستفادة من خط الأعداد لتوضيح الكسور المتكافئة كالتالي:

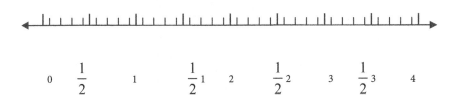

من الشكل نستنتج أن لكل نقطة عدد من الكسور تدل عليها، وهذه الكسور التي تدل على نفس النقطة هي كسور متكافئة.

مقارنة الكسور:

يمكن للطالب أن يبدأ عملية مقارنة الكسور من خلال الألعاب التربوية الهادفة والمخطط لها جيدا ومن خلال الحزازير والمسابقات بين الطلاب لاستغلال عنصر التشويق في الدرس من خلال ألعاب(أيهما أكبر)، مثلا: يسأل المعلم الطلاب أيهما أفضل لك أن تأخذ $\frac{3}{4}$ تفاحة أو $\frac{5}{7}$ التفاحة؟ وهنا يبدأ الطالب بالتفكير حتى يعرف أي الكسرين أكبر، وهنا يتدخل المعلم وبأسلوب هادئ وذكي ليوضح، أنه لا يستطيع مقارنة الكسرين إلا إذا كان لهما نفس المقام(توحيد المقامات)، وأن عملية توحيد المقامات تتم بالشكل التالي:

1. توحيد مقامات الكسور التي تنتمي إلى عائلة واحد وذلك باستعمال إما لوحة العائلة أو خط الأعداد: فالكسرين $\frac{1}{2}$، $\frac{3}{4}$ مثلا من لوحة العائلة يدرك الطالب أن: $\frac{1}{2} = \frac{4}{8}$ لذا يصبح الكسرين ومن هنا يتضح أن $\frac{1}{2}$ أكبر من $\frac{3}{8}$.

2. توحيد المقامات بضرب بسط ومقام كل كسر بعدد واحد، هو على الأغلب مقام الكسر الآخر مثل: $\frac{3}{8}$، $\frac{4}{9}$ نحولها إلى

$$\frac{3}{8} \times \frac{9}{9} = \frac{27}{72}$$

$\frac{4}{9}$ نحولها إلى $\frac{4}{9} \times \frac{8}{8} = \frac{32}{72}$، لذا يصبح الكسران كالآتي

$\frac{27}{72}$ ، $\frac{32}{72}$ ، لذا يتضح للطالب أن $\frac{32}{72}$ أكبر من $\frac{27}{72}$

أي أن $\frac{4}{9}$ أكبر من $\frac{3}{8}$

3. توحيد المقامات بإيجاد أصغر مقام مشترك، وذلك بمقارنة الكسور المراد مقارنتها بأكبر مقام في هذه الكسور مثل: $\frac{2}{3}$، $\frac{3}{4}$، $\frac{7}{12}$، لو نظرنا إلى مقامات هذه الكسور نلاحظ أن أكبر مقام هو 12، وهو مضاعف للمقامين3، 4 لذا تصبح الكسور كالآتي:

$$\frac{2}{3} \times \frac{4}{4} = \frac{8}{12}$$

$\frac{3}{4}\times\frac{3}{3}=\frac{9}{12}$ ، بينما الكسر $\frac{7}{12}$ مقامه ثابت. أي أن :

$\frac{3}{4}$ أكبر من $\frac{2}{3}$

وأن $\frac{2}{3}$ أكبر من $\frac{7}{12}$

جمع الكسور:

1. **جمع الكسور المتشابهة:** عند جمع كسرين لهما نفس المقام، نقوم بجمع البسطين على نفس المقام مثل: $\frac{2}{5}+\frac{1}{5}=\frac{1+2}{5}=\frac{3}{5}$

وعلى المعلم أن يكثر ويكرر أمثلة من هذا النوع حتى تصبح عملية جمع الكسور المتشابهة المقامات سهلة وآلية لدى الطلاب، ولتوضيح ذلك يمكن اللجوء إلى استعمال خط الأعداد، أما عند جمع أعداد صحيحة مع كسور بسيطة، نقوم بجمع الكسور لوحدها، والأعداد الصحيحة لوحدها مثل:

$$6\frac{4}{5}+2\frac{3}{5}=(6+2)+(\frac{4}{5}+\frac{3}{5})=8+\frac{7}{5}=8+(\frac{5}{5}+\frac{2}{5})=8+1+\frac{2}{5}=9\frac{2}{5}.$$

2. **جمع الكسور الغير متشابهة:** عندما نريد تدريس الطلاب جمع الكسور غير المتشابهة فيجب أن نوضح للطلاب إلى أنه لا بد من تحويلها إلى كسور متشابهة وذلك بتحويلها إلى صور لها نفس المقام أي (توحيد مقاماتها)، وذلك باستعمال خط الأعداد أو لوحات العائلات أو توحيد المقامات:-

مثال: $\frac{1}{2}+\frac{1}{4}=\frac{2}{4}+\frac{1}{4}=\frac{3}{4}$

أي قمنا بتوحيد مقام الكسر الأول ليصبح 4 هكذا، حيث ضربنا بسط ومقام الكسر بنفس العدد وهو2 ليصبح مقامه 4.

$\frac{1}{2}=\frac{1\times 2}{2\times 2}=\frac{1}{2}$ أي $\frac{1}{2}=\frac{2}{4}$.

مثال آخر:

$\frac{1}{5}+\frac{1}{3}$ ، نعمل على توحيد المقامات ليصبح مقام الكسرين واحدا أي 15، هكذا:

$(\frac{1}{5}\times\frac{3}{3})+(\frac{1}{3}\times\frac{5}{5})=\frac{3}{15}+\frac{5}{15}=\frac{3+5}{15}=\frac{8}{15}$.

طرح الكسور:

عند تدريس عملية طرح الكسور نتبع نفس خطوات الجمع.

3. **طرح الكسور المتشابهة:** نقوم بطرح البسط عندما تكون المقامات متساوية.

أمثلة:

$\frac{5}{8}-\frac{3}{8}=\frac{5-3}{8}=\frac{2}{8}$

$\frac{6}{9}-\frac{2}{9}=\frac{6-2}{9}=\frac{4}{9}$

$\frac{1}{5}-\frac{4}{5}=\frac{4-1}{5}=\frac{3}{5}$

4. **طرح الكسور غير المتشابهة:** عندما نتعرض لطرح الكسور غير المتشابهة لا بد من تحويلها إلى كسور متشابهة وذلك بتوحيد مقاماتها. كالآتي:

$\frac{1}{2} - \frac{1}{3}$ ، أول ما نقوم به هو توحيد المقامات:

$\frac{2}{6} - \frac{3}{6} = (\frac{2}{2} \times \frac{1}{3}) - (\frac{3}{3} \times \frac{1}{2})$ ، بعد أن قمنا بتوحيد المقامات وحولناها إلى كسور متشابهة، نقوم أخيرا بعملية طرح البسط على نفس المقام هكذا:

$$\frac{1}{6} = \frac{3-2}{6} = \frac{2}{6} - \frac{3}{6}$$

إن عملية طرح الكسور لا يجد فيها الطالب أي صعوبة، ولكنه يجد الصعوبة في طرح الكسور بالاستلاف. مثل: $2\frac{2}{3} - 4\frac{1}{3} = (2 + \frac{2}{3}) - (3+1\frac{1}{3})$

$= ((2-3) + \frac{2}{3} - \frac{3}{4}) = 1 + \frac{2}{3} = 1\frac{2}{3}$

لذا يجب على المعلم أن يكون صبورا وأن يعطي الوقت الكافي وعدد كبير من التمارين المتدرجة في الصعوبة بحيث يبدأ بالتمارين السهلة والبسيطة باستمرار، مع استعمال الرسوم المناسبة وخط الأعداد والوسائل المناسبة لتوضيح هذه العملية.

ضرب الكسور:

عند تدريس عملية ضرب الكسور نتدرج بها كالتالي:

1. **ضرب عدد صحيح بكسر. مثل:**

$$4 \times \frac{2}{3} = \frac{2}{3} + \frac{2}{3} + \frac{2}{3} + \frac{2}{3} = \frac{2+2+2+2}{3} = \frac{8}{3}$$

وذلك باعتبار أن عملية الضرب هي عملية جمع متكرر، ويمكن للمعلم توضيح هذه العملية باستعمال الوسائل المحسوسة لتقريب وتوضيح هذا المفهوم، مثل اللجوء إلى استخدام الدوائر الكرتونية وغيرها:

أي أن $4 \times \frac{2}{3}$ هي عملية إيجاد ثلثي أربعة دوائر

ومع استعمال أمثلة أخرى مشابهة ومتكررة يتوصل الطلاب إلى التعميم بأن عملية ضرب كسر في عدد صحيح هو ضرب البسط في هذا العدد الصحيح.

2. **ضرب عدد صحيح في عدد كسري:** عند تدريس هذا النوع من الضرب يمكن استعمال طريقتين هما:

أ. طريقة التوزيع: فمثلا عن إيجاد حاصل ضرب $5 \times 2\frac{2}{3}$ نتبع الأسلوب التالي:

$$5 \times 2\frac{2}{3} = 5 \times (2 + \frac{2}{3})$$

251

$$2\times5+\frac{2}{3}\times\frac{5}{1}=2\times5+\frac{2}{3}\times5$$

$$10+\frac{10}{3}$$

$$13\frac{1}{3}=10+3\frac{1}{3}=$$

ب. طريقة تحويل العدد الكسري إلى كسر عادي:

مثلا عند إيجاد حاصل ضرب $5\times 2\frac{2}{3}$ ، نتبع الأسلوب التالي:

$5\times 2\frac{2}{3}$ ، نحول العدد الكسري $2\frac{2}{3}$ إلى كسر عادي وذلك بضرب المقام في العدد الصحيح ونضيف إليه البسط فيصبح المجموع يمثل البسط الجديد هكذا $\frac{8}{3}$

إذا $5\times 2\frac{2}{3}=5\times\frac{8}{3}=\frac{8}{3}\times\frac{5}{1}$

$$13\frac{1}{3}=\frac{40}{3}=\frac{8\times5}{3\times1}=13$$

3. **ضرب كسر بكسر:** ويتم هذا النوع من خلال ضرب البسط في البسط والمقام في المقام، حيث يمكن للطالب التوصل واستنتاج هذه القاعدة من خلال التمارين والأمثلة العديدة.

أمثلة:

$$\frac{1}{2}\text{ ال }\frac{6}{8}=\frac{1}{2}\times\frac{6}{8}=\frac{6\times1}{8\times2}=\frac{6}{16}=\frac{3}{8}$$

$$\frac{2}{3}\times\frac{4}{5}=\frac{4\times2}{5\times3}=\frac{8}{15}$$

$$\frac{6}{7}\times\frac{5}{6}=\frac{5\times6}{6\times7}=\frac{30}{42}=\frac{15}{21}$$

الكسور العشرية:

من أجل تسهيل إيصال مفهوم الكسور العشرية للطلاب علينا أن نوضح لهم بأن الكسور العشرية هي حالة خاصة من الكسر العادي، ويمكن وصف الكسر العشري في صورة كسر عادي مقامه عشرة أو مئة أو ألف، أو عشرة آلاف...... وهكذا. ولكن الصورة التي يكتب عليها الكسر العشري تختلف عن صورة الكسر العادي، حيث نكتب الكسر العادي على صورة بسط ومقام، أحدهما فوق خط الكسر والآخر أسفل خط الكسر، أي نسبة البسط على المقام، وإننا في حالة الكسور العشرية نجعل الاتجاه من اليمين إلى اليسار بحيث تقوم إشارة الفاصلة بعمل حاجز بين الكسر والعدد الصحيح. فالعدد أربعة وخمسة أعشار يكتب هكذا 4,5 بفارق منزلة باتجاه اليمين. والعدد مئة وسبعة وثلاثون وأربعة وعشرون من مئة يكتب137.34

تدريس الكسور العشرية: يبدأ المعلم بتوضيح مفهوم الكسر العشري عن طريق استخدام لوحة مقسمة إلى عشرة مستطيلات، ويقوم بتلوين أحدهما لتوضيح فكرة جزء من عشرة.(0.1)ثم يلون اثنين لتوضيح فكرة جزئين من عشرة (0.2).

وقد يلجأ المعلم إلى استخدام أوراق النقد وقطع العملة المعدنية لتوضيح مفهوم الكسور العشرية. فيسأل طلابه كم قرشا في الدينار الأردني على سبيل المثال؟

- يجيب الطلاب: الدينار الأردني يعادل(100) قرش، إذن القرش هو جزء من مئة قرش أي

$\dfrac{1}{100}$ ، وفي حالة الكسور العشرية يساوي (0.01) من الدينار. والدفتر الذي طوله24سم و

5

مليمترات، يمكن وضع طوله بالكسر في صورة 24.5سم،لأن (السم الواحد =10ملمتر).

ومن الضروري أن يطلب المعلم من طلابه قراءة الكسر العشري ووضعه في صورة الكسر العادي حتى يرتبط مفهوم الكسر العادي بالكسر العشري في أذهان التلاميذ.

لنأخذ الكسور التالية: $\dfrac{3}{10}$ ، $\dfrac{8}{100}$ ، $\dfrac{65}{1000}$

- يسأل المعلم طلابه: كم عدد الأصفار في مقام الكسر الأول؟ وفي مقام الكسر الثاني؟ وفي مقام الكسر الثالث؟

إن عدد الأصفار في المقام الأول هو الذي يحدد موضع الفاصلة العشرية:

فالكسر $\dfrac{3}{10}$ يكتب على صورة 0.3

والكسر $\dfrac{8}{100}$ يكتب على صورة 0.08

والكسر $\dfrac{65}{1000}$ يكتب على صورة 0.065

- يطلب المعلم من الطلاب ملاحظة العلاقة بين عدد أصفار مقام كل كسر وعدد الخانات في الكسر العشري لكل كسر.

- يلاحظ الطلاب بأن الكسر الذي مقامه صفر واحد يحتل خانة واحدة على يمين الفاصلة، والكسر الذي في مقامه صفران يحتل خانتان على يمين الفاصلة.... وهكذا

- يطلب المعلم من الطلاب أن يكتبوا على دفاترهم أمثلة مشابهة لذلك، ثم يعطيهم كسور عادية ويطلب منهم تحويلها إلى كسور عشرية بنفس الطريقة السابقة. ويكرر هذه الأمثلة حتى يتقن الطلاب استخدام المفهوم بشكل صحيح وسليم وسريع.

تحويل كسر عشري إلى كسر عادي.

نحن نعرف أن الكسر العشري0.45 هو شكل آخر للكسر $\dfrac{45}{100}$ ، ويمكن كتابة هذا الكسر

بشكل أبسط، إذا كان كل من بسطه ومقامه يقسمان على العدد نفسه، فمثلا كلاهما يقبل القسمة

على(5)، فيكتب الكسر بصورة أبسط كما يلي $\dfrac{9}{20}$ أي أن 0.45 = $\dfrac{9}{20}$

وكذلك فالعدد العشري 1.6 يمكن كتابته بشكل $1\dfrac{6}{10}$ ، ثم نحول العدد إلى كسر غير حقيقي

فيصبح على الصورة التالية $\dfrac{16}{10}$ ، وبقسمة حدي الكسر (البسط والمقام) على(2) تصبح صورة الكسر

كما يلي $\dfrac{16}{10} = \dfrac{8}{5}$

- يقوم المعلم بتكرار الأمثلة والتمارين ويستدرج الطلاب إلى استنتاج: أنه لتحويل كسر

عشري إلى كسر عادي، نكتب العدد المعطى بشكل كسر عادي مقامه 10 أو 100 أو 1000..

ثم نختزل الكسر العادي إلى أبسط شكل ممكن.

تحويل كسر عادي إلى كسر عشري: لقد لاحظنا أن 0.45، $\dfrac{9}{20}$ هما رمزان لعدد واحد. وأن الانتقال من الشكل

$\dfrac{9}{20}$ إلى الشكل 0.45 يسمى تحويل الكسر العادي إلى الكسر العشري. كما نلاحظ أن $\dfrac{5 \times 9}{5 \times 20} = \dfrac{45}{100}$

ولما كان مقام الكسر هو(100) فإنه يكتب على صورة $\dfrac{45}{100}$ = 0.45

255

وكذلك إذا أردت تحويل الكسر العادي $\frac{8}{20}$ إلى كسر عشري فإنك تلاحظ أن: $\frac{8 \times 5}{20 \times 5} =$

$\frac{40}{100}$ ويكتب كذلك بالصورة التالية 0.40 إذن $\frac{8}{20} = 0.40$

المقارنة بين الكسور العشرية: إذا أردنا المقارنة بين الكسرين العشريين 0.85 و0.67 فإننا نكتب كلا الكسرين على صورة الكسر العادي هكذا: $\frac{85}{100}$ ، $\frac{67}{100}$ وحيث أن المقامان متساويان، فإننا نقارن بين البسطين فقط، فنلاحظ أن85 أكبر من 67 أي أن 85 > 67، أي أن 0.85 > 0.67

العمليات على الكسور العشرية:

1. **جمع الكسور العشرية:** يمكن للمعلم أن يلجأ إلى استخدام خط الأعداد أو الأشكال البيانية، أو استخدام فكرة التحويل إلى الكسور العادية وذلك حسب طبيعة السؤال أو حسب الطريقة التي يراها المعلم مناسبة للموقف التعليمي: فمثلا لإيجاد 0.5 + 0.3

أ. **باستخدام خط الأعداد**

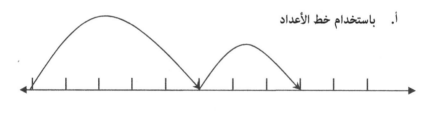

0 0.1 0.2 0.3 0.4 0.5 0.6 0.7 0.8

$\therefore 0.5 + 0.3 = 0.8$

باستخدام اللوحة البيانية:

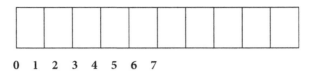

0 1 2 3 4 5 6 7

ج. **التحويل إلى كسور عادية:** يتم التحويل إلى كسور عادية كما مر سابقا ثم جمعها

بطريقة جمع الكسور العادية كما تعلمناها في السابق.

2. طرح الكسور العشرية: إن عملية تدريس طرح الكسور العشرية مشابهة لطرق تدريس

جمع الكسور العشرية، مع الانتباه أنه عند استخدام خط الأعداد، فإننا نرجع إلى الخلف

وليس إلى الأمام كما في عملية الجمع. مثلا 0,3-0,7 فعندما نصل إلى 0,7، ونرجع إلى

الوراء ثلاثة أعشار يكون الجواب 0,4= هكذا

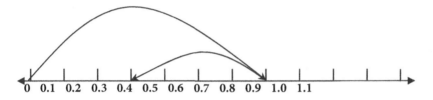

0 0.1 0.2 0.3 0.4 0.5 0.6 0.7 0.8 0.9 1.0 1.1

وبالتدريج ومن خلال الممارسة العملية وتكرار التمارين يتوصل المعلم مع طلابه إلى أن

عمليات جمع الكسور العشرية وطرحها لا تتعدى عمليات جمع وطرح الأعداد الصحيحة، فهي آليا

عملية ترتيب الأعداد التي يراد جمعها أو طرحها تحت بعضها البعض بنفس تسلسل المنازل، ثم

القيام بخوارزمية الجمع أو الطرح مع الانتباه إلى مكان وجود الفاصلة.

الفصل الثامن

الرياضيات والتقويم التربوي

☒ مفهوم التقويم التربوي

☒ استراتيجياته

☒ أهدافه

☒ مستوياته وأساليبه وطرائقه

☒ التقويم التربوي الحديث

259

التقويم التربوي:

إن تقويم الطلاب مهمة رئيسية يؤديها المعلم، وتتطلب مهارة خاصة لإتقانها وخطة مناسبة لتنفيذها، ويترتب على التقويم الصفي اتخاذ مجموعة من القرارات، منها ما يخص الطلاب، ومنها ما يحدد فاعلية التعليم وخطته، لذا فإن عدم توفر برنامج تقويم جيد، يؤدي إلى اتخاذ قرارات غير سليمة.

ويقصد بالتقويم: التوصل إلى أحكام بالجدارة أو الفاعلية عن أفعال وأنشطة أو أشخاص أو برامج. ووسيلة التقويم هي القياس.

والتقويم كذلك: هو قياس تحقيق الأهداف التعليمية التعلمية المخطط لها مسبقا، أي إصدار حكم على مدى ما تحقق من الأهداف المطلوبة

أما القياس: فهو العملية التي يمكن بواسطتها تعيين قيم عددية لصفات أو خصائص أو أبعاد وفق شروط معينة. كما يعرف **القياس** كذلك بأنه التقدير الكمي لسلوك أو أداء من خلال استخدام وحدات رقمية أو مصنفة، لذا فالقياس هو أحد أدوات التقييم لأنه يعطي قيمة عددية أو درجة لصفة من صفات الشيء المقاس، وأكثر أساليب القياس شيوعا لدى المعلمين هو **الاختبار** والذي يعرف بأنه(طريقة منظمة لقياس عينة من السلوك)، وهناك أساليب أخرى لها نفس أهمية الاختبار مثل: الملاحظة والمقابلة والمناقشة والمشاريع .... وغيرها. والهدف الأساسي للتقويم التربوي: هو تحسين العمل التربوي بقصد الحصول على نتائج أفضل وأكثر تحقيقا للأهداف التربوية. كما يعتبر التقويم التربوي أحد عناصر المنهاج الهامة والرئيسية وهي: (المحتوى، الأهداف، الأنشطة والطرائق والأساليب

ثم التقويم)، لذا يعتبر التقويم من أهم مناشط العملية التعليمية وأكثرها ارتباطا بالتطور التربوي، وهو الوسيلة التي تمكننا من الحكم على فاعلية عملية التعليم بعناصرها المختلفة، كما يعتبر التقويم معززا للسلوك التعليمي وداعما لاستجابات الطلاب الناجحة.

النظرة القديمة للتقويم: كان التقويم قديما يركز على مدى ما اختزنه المتعلم(الطالب) في ذهنه من معلومات محددة، لذا كان التعليم آنذاك يركز على الحفظ والاستظهار دون النظر إلى الفهم. **أما النظرة الحديثة للتقويم،** فلم تعد تعتبر التقويم بحد ذاتها غاية، بل أصبحت جزءا من عملية التعلم، توجهها وتعززها وتصحح مسارها. وهذا المفهوم الجديد للتقويم، يتطلب التحول الجذري من نظام الامتحانات التقليدي إلى نظم تنمي الشخصية المتكاملة والمتوازنة للمتعلم(الطالب) وما يمتلكه من مهارات وحب استطلاع..... مما يمكنه من التعامل مع بيئته وإثرائها، كما أصبح للتقويم أهداف متنوعة، أهمها التقويم الصفي، للتأكد من تحقيق الأهداف المطلوبة والوصول إلى النتائج المرجوة، ويعتبر تعلم الطلبة هو المنتج الرئيسي في نظام الجودة. **أما الجودة:** فهي مدى قدرة الخصائص الأساسية على تلبية وتحقيق متطلبات وشروط معينة.

ويركز نظام الجودة في تقويم التعلم على مبادئ أهمها:

1. كل الأفراد قابلون للتعلم وقادرون عليه، ولديهم نقاط قوة يمكن البدء بتعزيزها وتنميتها...

2. المتعلمون يتحملون مسؤولية تعلمهم.

3. المتعلمون معنيون بتحسين عملية تعلمهم.

4. التعلم عملية تشاركيه بين المعلم والطالب.

5. يقوم المتعلم(الطالب) بتقويم تعلمه من خلال التغذية الراجعة التي يزود بها.

6. تحسين الجودة هي قاعدة للتعلم مدى الحياة.

7. المتابعة والرقابة ضرورة من ضرورات ضمان الجودة.

وعلى الرغم أن المنتج في موضوعنا هذا هو (ما يتعلمه الطلبة) إلا أن هناك العديد من المعنيين بهذا المنتج وهم:

1. الطلاب أنفسهم.

2. المعلم.

3. الأسرة والعائلة.

4. أصحاب العمل.

5. المجتمع.

6. الدولة.

الأسس والمعايير العامة في عملية التقويم التربوي:

1. ارتباط التقويم بأهداف المنهاج أو المناشط التي يقدمها.

2. شمول التقويم لجميع عناصر المنهاج أو المناشط التي تقدم.

3. تنوع أدوات التقويم وأساليبه وفق الأهداف المرسومة، لأنه ليس من العدل إتباع أسلوب واحد لقياس مستوى تحصيل الطالب أو مستواه.

4. توافر شروط الصدق والثبات والموضوعية في جميع أدوات التقويم التي تستخدم.

5. استمرار النشاط التقويمي وملازمته في جميع مراحل الأنشطة التعليمية، وعدم تأجيله حتى نهاية الفصل أو حتى نهاية العام الدراسي.

6. مراعاة الفروق الفردية بين الطلاب والاهتمام بجميع الطلبة من ضعاف التحصيل ومتوسطي التحصيل والمبدعين الموهوبين.

7. مراعاة الناحية الاقتصادية من حيث الجهد والوقت والتكاليف وتجنب الروتين وتعقيداته...

8. مراعاة الجوانب الإنسانية، فالتقويم ليس عقابا ولكنه وسيلة تشخيص ظاهرة أو مشكلة أو الحكم على سلوك محدد، كما أنه وسيلة للدفع والتحفيز وزيادة الإنتاجية، أو المساعدة على تعرف القدرات المختلفة لدى الطلاب واستغلال طاقاتهم وقدراتهم وتوجيهها بالاتجاه السليم المفيد..

9. ضرورة مراجعة برامج التقويم باستمرار حتى تتماشى مع أساليب وأدوات التقويم، ولمواكبة كل جديد في مجال تطوير وتعديل المنهاج وليتناسب مع تطور وتغير حاجات المجتمع والتربية الحديثة.

مما سبق نستنتج أن التعليم التقليدي بنظرته القديمة كان يركز على الاختبارات بمختلف صورها بغرض الحصول على معلومات عن تحصيل الطلبة لتقديمها لأولياء الأمور وغيرهم من

المعنيين، ومثل هذا التقويم لا يؤثر بصورة إيجابية في التعليم، لأنه يقيس مهارات ومفاهيم بسيطة يتم التعبير عنها بأرقام لا تقدم معلومات ذات قيمة عن تعلم الطالب، ولا يمكن من خلالها تحديد نتاجات التعلم التي أتقنها الطلبة وهم (الطلبة) لا يشاركون في تقويم أنفسهم. ونتيجة للتطور أصبح التقويم أكثر شمولا، وأصبح للطالب فيه دورا هاما، ويأخذ في الاعتبار مشاركة المجتمع وأولياء الأمور، ومراقبة تعلم الطلبة وتعلمهم، وفهم احتياجاتهم ومواطن القوة لديهم. ومن هنا تم التحول إلى ما يسمى بالتقويم الواقعي والذي لم يعد مقصورا على قياس التحصيل الدراسي للطالب في المواد المختلفة، بل تعداه لقياس مقومات شخصية الطالب بشتى جوانبها، وبذلك اتسعت مجالاته وتنوعت طرائقه وأساليبه، لذا أوصت المؤتمرات والتي عقدت أخيرا على أن تكون عملية التقويم متكاملة مع عملية التدريس والتي تحتم على المعلمين البحث عن أساليب جديدة لتقويم الطلبة وعدم الاعتماد على أسلوب الاختبارات التقليدية التي تعتمد على القلم والورقة كأسلوب وحيد لتقويم الطلبة، وهذا مما أدى إلى ظهور التقويم الواقعي والتقويم المستند على الأداء.

أهداف التقويم الواقعي:

1. تطوير المهارات الحياتية الحقيقة للطالب

2. تنمية المهارات العقلية العليا لدى الطالب

3. التركيز على العمليات والمنتج في عملية التعلم

4. تنمية الأفكار والاستجابات الخلاقة والجديدة لدى الطلاب

5. تنمية مهارات متعددة ضمن مشروع متكامل

6. تعزيز قدرة الطالب على التقويم الذاتي

7. جمع البيانات التي تبين درجة تحقيق المتعلمين(الطلاب) لنتاجات التعلم.

8. استخدام استراتيجيات وأدوات تقويم متعددة لقياس الجوانب المتعددة في شخصية الطالب

أغراض التقويم:

1. تقدير تحصيل الطلاب

2. تشخيص صعوبات التعلم (لبعض الطلاب أو للجميع) أي التعرف إلى مواطن القوة والضعف لدى الطلاب من أجل تعزيز قوة مواطن القوة ولتلافي جوانب الضعف أو التخفيف منها ووضع الخطط اللازمة والمدروسة لذلك.

3. تقويم التجديد في تنفيذ المنهاج وبخاصة طرائق التدريس، وحيث أن المنهاج يتكون من (المحتوى والأهداف والأنشطة والأساليب والطرائق والتقويم) لذا فإن من أغراض التقويم التأكد من مدى ملائمة الطرائق والأساليب الجديدة المطبقة على الطلاب ومدى مناسبتها لمستويات ولبيئة الطلاب ولقدرتهم وتقويم نتائج تنفيذها الإيجابية والسلبية

4. حفز المعلمين على تحسين عملية التعليم والتعلم من خلال الاستفادة من التغذية الراجعة، لتعزيز الايجابيات في عملية التعليم والتعلم وتعديل الخلل الذي يظهر من خلال ممارساتهم العملية لتحسين الوسائل والطرائق والأساليب وإعادة النظر في التخطيط بما يتناسب مع التغذية الراجعة

5. تحديد مسؤولية المعلمين وتقويم أدائهم من حيث دراسة نتائج تحصيل طلابهم، لأن نتيجة التحصيل للطالب تنعكس على المعلم مثلما تنعكس على الطالب،ونتيجة لذلك يراجع المعلم ويقوم أدائه ويعدل في أسلوبه، وطرائقه نتيجة لذلك

6. تعيين أنسب طرق التدريس لدى الطلاب، وتقويم الخبرات التعليمية التي يمر بها الطلبة لمعرفة مدى مناسبتها وملائمتها لهم.

7. التنبؤ بالأداء المستقبلي للطلاب اعتمادا على مستواهم في التحصيل، وتصنيف الطلاب وتوزيعهم على الصفوف وعلى أنواع التعليم المختلفة والمتوفرة وفق مستوياتهم التحصيلية والأدائية وبما ينسجم مع ميولهم وقدراتهم واتجاهاتهم وحسب ما يتوفر من أنواع التعليم المتاحة.

8. تقديم التغذية الراجعة للمدرسة والمؤسسة التربوية على مدى النجاح أو الصعوبات التي تعترض العملية التعليمية لوضع الخطط الكفيلة لعلاجها في الوقت المناسب

9. لذا فالتقويم عملية مستمرة وملازمة لعملية التعليم والتعلم، لذلك يحتاج المعلم أن يقوم طلابه في عدة مستويات وعدة مراحل وعدة أساليب أهمها:

1. التقويم المبدئي(التقويم القبلي) pre-Formative Evaluation

2. التقويم التكويني (التقويم الأثنائي) - البنائي Formative Evaluation

3. التقويم الختامي: Summative Evaluation

التقويم المبدئي (القبلي)

ويتضمن هذا التقويم على نشاطات تقويمية تتعلق بتقدير الحاجات وتحديد المستوى الطلابي وتخطيط البرامج وتشخيص استعدادات الطلبة للتعلم، ويستفيد المعلم من نتائج هذا التقويم في تخطيط خبرات التعلم وتنظيمها بما يتلائم مع حاجات الطلبة واستعداداتهم والأهداف الموضوعة في المنهاج، وقد تتكشف لدى المعلم جوانب قصور لدى الطلبة في خبراتهم أو معلوماتهم السابقة والتي يحتاجونها لاستيعاب الخبرة الجديدة على أسس سليمة.

التقويم التكويني (الأثنائي) - البنائي:

وهو نشاط تقويمي يجري أثناء عملية التعليم والتعلم(خلال الحصة)، ويتخلله خبرة التعليم والتعلم من أجل تحسينها وتطويرها، فالتقويم التكويني يصمم لتحسين تعلم الطالب وتحسين تدرب المعلم وتحسين عناصر الخبرة التعليمية في تنظيمها وخطتها ومنهجيتها ووسائلها.

إذن يجري التقويم التكويني(البنائي) أثناء الخبرة التربوية ابتداء من مراحلها الأولى وحتى قبل انتهائها، وبذلك تتاح الفرصة في كل مرحلة للتغذية الراجعة والتي تزود المعلم بمعلومات تمكنه على أساسها من تعديل الخطة وأسلوبه وتحسينها بما يؤكد فاعلية الخبرة التي يقدمها المعلم لطلابه. وكذلك تزود التغذية الراجعة الطالب بمعلومات تمكنه من التعرف إلى الجوانب التي أحرز فيها الطالب تقدما، والجوانب التي أظهر فيها الطالب قصورا، حتى يوجه انتباهه لجوانب القصور ويعالجه في الوقت المناسب وبشكل فوري. ويمكن أن يتم التقويم التكويني بطريقة مختلفة، فغالبا ما يعمد

المعلم إلى طرح أسئلة تتخلل الحصة أو المناقشة أو من خلال ورقة عمل، للتأكد من مدى استيعاب الطلبة للخبرات والمعلومات التي تم عرضها. فإذا لاحظ المعلم جوانب ما زال بها شيء من الغموض أو عدم الفهم أو عدم الوضوح أو القصور... لجأ إلى مزيد من التوضيح وإعطاء الأمثلة والشواهد والتدريبات الإضافية...وعدل من أسلوبه وطريقة عرضه للمعلومات والأنشطة لتدارك هذا الخلل بشكل فوري وفي الوقت المناسب، وعدم ترك ذلك لحصة قادمة. كما قد يكون التقويم التكويني على شكل اختبارات قصيرة، يكون الغرض منها التأكد من فاعلية التدريس، كما يمكن للتمارين والتدريبات والواجبات البيتية والأعمال الكتابية على اختلاف أنواعها وأشكالها، أن تخدم أغراض التقويم التكويني، لكن يفضل أن يكون التقويم التكويني جزءا من الخطة الدراسية، وأن يكون المعلم قد أعد له مسبقا، مثل الأسئلة الصفية أو الاختبارات القصيرة أو التمارين والواجبات الصفية أو أوراق العمل، أو بعض الرسومات... وبما يتلائم مع طبيعة المادة وأهدافها المرصودة سلفا.

التقويم الختامي (البعدي)

أما التقويم الختامي فيتضمن نشاطا يأتي في ختام مقرر دراسي أو وحدة دراسية من الكتاب المقرر، والهدف الرئيس منه، هو تحديد المستوى النهائي للطلبة بعد الانتهاء من عملية التعليم والتعلم لفترة محددة، فصل دراسي مثلا، وتستخدم المعلومات الناتجة عن التقويم الختامي عادة لأغراض إدارية، تساعد في اتخاذ قرار بما يتعلق بمستقبل الطالب، مثل ترفيعه إلى صف أعلى أو مرحلة تعليمية تالية أو اختيار نوع التعليم الأكاديمي أو المهني المناسب للطالب. وقد

تستخدم نتائج التقويم الختامي لبرنامج أو خطة دراسية للتأكد من مدى فاعليتها أو صلاحها، أو مدى الحاجة إلى تعديلها وتطويرها.

● **لذا يمكن تلخيص أهداف التقويم (الختامي بالنقاط التالية)**

1. تقدير علامات الطالب (تحصيلي)، وذلك لاتخاذ قرار بشأن تحديد مستوى الطالب واتخاذ قرار بترفيعه إلى صف أعلى أو مرحلة أعلى ...

2. لبناء خطة دراسية، والتأكد من مدى فاعلية الطرائق والأساليب والأنشطة المستخدمة، وهل تحتاج هذه الأساليب والطرائق إلى تعديل أو تطوير أو إضافة...

3. اتخاذ قرار في مواصلة برنامج التعليم أو تعديله.... بناء على هذا التقويم وهذه النتائج.

أساليب التقويم:

لم تعد أساليب التقويم مقتصرة على الأسئلة أو اختبارات التحصيل المقننة أو التي يعدها المعلم أو جهات أخرى، بل أصبح هناك أساليب هامة أخرى قد يلجأ إليها المعلم ويستعين فيها لتقدير مستوى الطالب، نذكر منها ما يلي:

1. **الملاحظة:** ويقوم المعلم من خلالها بجمع البيانات والمعلومات عن الطالب في موقف تعليمي يومي، لأن تواصل المعلم مع طلابه يتيح له إمكانية مراقبة سلوكهم ومهاراتهم واتجاهاتهم وتقييم وقياس قدراتهم ومعلوماتهم في جو طبيعي بعيدا عن الخوف أو الارتباك أو التكلف...، ويفضل أن تكون هذه الملاحظة غير مباشرة وفي الوضع الطبيعي للطالب، وأن تكون

هذه الملاحظة ذات هدف محدد وليست عشوائية، وتسجل أولا بأول حتى يكون التقييم دقيقا وعادلا وصادقا.

2. **المناقشة**: وتتم المناقشة من خلال الأنشطة التعليمية المخططة، والنقاش والحوار الذي يدور بين المعلم والطلبة، والنقاش الذي يدور بين الطلبة بعضهم بعض، والتي تكشف عن قدراتهم وميولهم واتجاهاتهم ومشكلاتهم.

3. **المقابلة** : وهو حديث منفرد من المعلم إلى الطالب ومهاراته ومواهبه، وطرق وأنماط تفكيره، كما قد تكشف المقابلة عن بعض الأخطاء والمشاكل لدى الطالب والتي يمكن تلافيها والبحث عن أفضل السبل لتلافيها وتذليل العقبات والمعيقات في عملية التعلم أو في خبرات الطالب أو مهاراته والتي تستدعي لتذليلها.

4. **المشاريع**: لا شك بأن المشاريع الفردية أو الجماعية التي يقوم بها الطلاب تعتبر من الأساليب المهمة في تعلم الرياضيات أو العلوم أو غيرها من المعارف والمواد الدراسية لأنها تنمي عادة الاعتماد على النفس والعمل بروح الفريق والجماعة واحترام العمل الجماعي والتي تحتاج كذلك إلى خبرات تراكمية متنوعة، وتحتاج المشاريع إلى وجود خطة معدة مسبقا لضمان نجاحها في فترة زمنية محددة، ووجود خطة مسبقة لتوزيع الطلاب في مجموعات وتحديد دور وصلاحيات كل فرد في هذه المجموعة، والعمل معا بحيث يكون المشروع مرتبطا بشكل مباشر مع المنهاج الدراسي وبشكل يضمن مشاركة الجميع في هذا المشروع.

5. **التقارير**: يمكن أن يلجأ المعلم إلى إعداد تقرير عن كل طالب من طلابه ويسجل فيه المعلومات المطلوب تقييمها عن كل طالب، من حيث الصعوبات والأخطاء التي يقع فيها الطالب وجوانب القوة وجوانب الضعف في تعلمه ومستوى تحصيله، ويمكن للمعلم أن يسجل هذه الصفات التي سيأخذها في الاعتبار عند إعداد التقرير مثل: مستوى التحصيل، مستوى أداء المهارات، درجة المشاركة الصفية، الاستعداد للتعلم، أنماط التفكير، الميول والاتجاهات، الجدية في العمل، التعاون مع الآخرين....

6. **قوائم التقدير**: ويستخدم هذا النوع من التقويم عندما توجد خاصية أو سمة معينة لدى الطلاب يمكن تحليلها إلى مكوناتها الرئيسية، ثم يؤشر المعلم بجانب كل منها بوضع إشارة(√) لتدل على توفر الخاصية:

الرقم	السلوك	حدوث السلوك
1	هل حدد الطالب معطيات المسألة	√
2	هل حدد المطلوب من المسألة	√
3	هل قام الطالب بعمل رسم توضيحي للمسألة	
4	هل ذكر الطالب مفاهيم تساعد على حل المسألة	√
5	هل ذكر الطالب نظريات تساعد على الحل	
6	هل ذكر الطالب مميزا للنتيجة العددية	√
7	....	
8	....	

7. **الاختبارات:** تعتبر الاختبارات أكثر أدوات التقويم شيوعا في قياس وتقويم تحصيل الطلاب. والاختبارات عملية منظمة يقوم بها المعلم لقياس تقدم الطالب في ناحية من نواحي التحصيل وخاصة في المجال المعرفي أو المجال المهاري بواسطة مجموعة من الأسئلة أو المشكلات أو التمرينات، وتظهر نتائجها بعد أن تتم على شكل درجات أو تقديرات، ويمكن أن تكون الاختبارات شفوية أو كتابية أو عملية.

التقويم التربوي الحديث

يسعى التقويم التربوي في عصرنا الحالي إلى تحسين العملية التعليمية وتعظيم نواتج التعلم وتعزيز عملية التعلم، حيث يسهم التقويم الفعال في الكشف عن استعدادات الطلاب وقدراتهم وميولهم وحاجاتهم حيث يؤدي إلى اختيار أفضل الأساليب والطرائق والأنشطة التي تسهم في زيادة قدرتهم على التعلم. ويرى التربويان فان وفولك(van& folk،2005) أن التعليم والتقويم ليسا نشاطين مختلفين، بل إن إزالة الحدود بين التعليم والتقويم ينسجم ومعيار التعلم الذي يرى في التقويم فرصة لمزيد من التعلم، إذْ يستطيع المعلمون أن يقيّموا أداء طلبتهم أثناء إتاحتهم الفرص لتعلمهم.

لذا يدعى التقويم الذي يراعي هذه التوجيهات ويقوم عليها (بالتقويم الواقعي) (Authentic Evaluation)، وهو التقويم الذي يعكس انجازات الطلاب في مواقف حقيقية، حيث ينهمك الطلاب في مهمات وممارسات وأنشطة ذات معنى وقيمة بالنسبة لهم، حيث يمارسون من خلالها مهارات التفكير العليا ويستغلون معارفهم ومعلوماتهم ومهاراتهم في بلورة الأحكام واتخاذ القرارات وحل

المشكلات الفعلية التي تواجههم في حياتهم، لذا فالتقويم الواقعي يوثق الصلة بين التعليم والتعلم ويقلل من أهمية ومماسة الاختبارات التقليدية، لأنه يعمل على توجيه التعليم لمساعدة الطلاب على التعلم مدى الحياة.

وتقوم فكرة "التقويم الواقعي" على الاعتقاد بأن تعلم الطالب وتقدمه الدراسي يمكن تقييمه من خلال أعمال وأساليب وأنشطة تتطلب انشغالا نشطا مثل البحث والتقصي في المشكلات الحياتية، والقيام بالأعمال والتجارب الميدانية، والأداء المرتفع للمهارات، وطرق التقويم الواقعي تحتوي على مشاريع وأنشطة تتطلب من الطالب تحليل المعلومات وتركيبها في سياق جديد يظهر مهارة الطالب وقدرته على مواجهة المشكلات وحلها، أي أن يستخدم الطالب معلوماته ومهاراته وقدراته التي تعلمها في مواقف حياتية عملية مفيدة، وأن يكون قادرا على استخدامها قي مواقف حياتية مستجدة أخرى عند الحاجة. ويعتبر التقويم المستند إلى الأداء أحد أنماط التقويم الواقعي والذي يقصد به، قدرة الطالب على توظيف معارفه ومهاراته ومعلوماته وقدراته في مواقف حياتية حقيقية أو مواقف تشابه المواقف الحياتية، و قيامه بأعمال وأنشطة يظهر من خلالها مدى إتقانه لما اكتسبه من مهارات في ضوء الأهداف المرسومة.

نلاحظ مما سبق أن التقويم المستند إلى الأداء يعمل على قياس قدرة الطالب على استخدام المعارف والمعلومات والمهارات في مواقف حياتية واقعية متنوعة بعكس الاختبارات التقليدية والتي تركز على حفظ واستظهار الحقائق والمعلومات والمهارات الدقيقة، وقد وجهت انتقادات حادة إلى الاختبارات الموضوعية والمقالية بصيغتها التقليدية

والتي لا تقيس سوى العمليات العقلية في أدنى مستوياتها، لذا فإن عدم وجود اختبارات مناسبة لقياس القدرات العقلية العليا للطلاب أدى إلى صعوبة إصدار أحكام صادقة وموضوعية ودقيقة عن مدى امتلاك الطلاب لهذه القدرات ومدى تطورها لديهم: لذا جاءت الاختبارات المستندة إلى الأداء والتي تعني بالأداء والمهارة في استخدام الأدوات، أو السير وفق خطوات متسلسلة، مع إمكانية المعلم مشاهدة ما يقوم به الطالب من أداء وعمل، بالإضافة إلى مشاهدة الناتج النهائي لأداء الطالب، وتعتبر اختبارات الأداء اختبارات فردية يتم من خلالها مشاهدة وملاحظة سلوك وأداء الطالب وقياسه بشكل دقيق وصادق، بعكس الاختبارات الكتابية والتي عادة ما تعطى لعدد كبير من الطلاب في وقت واحد.

استراتيجيات التقويم المستند إلى الأداء

1.الأداء العملي: (Preformance): وهو قيام الطالب بأداء بعض المهمات المحددة عمليا لإظهار مدى اكتسابه للمعارف والمهارات والاتجاهات، كأن تطلب من الطالب عمل معداد لاستخدامه في عمليات الجمع والطرح، أو قيامه بصنع مجسم لبركان وتوظيفه، أو إظهار القدرة والمهارة في استخدام جهاز معين أو القدرة على تصميم برنامج محوسب.

2. التقديم: (Presentation): أي قيام الطالب أو مجموعة من الطلبة بعرض موضوع ما في وقت محدد لإظهار مدى امتلاكهم لمهارات محددة، كأن يقوم بشرح موضوع معين مدعما بالتكنولوجيا الحديثة كاستخدام الشرائح الإلكترونية

والتقنيات التعليمية والتكنولوجيا الحديثة كالحاسوب والرسومات والصور والمجسمات.....

3. العرض التوضيحي: (Demonstration): يعتبر هذا الأسلوب في تدريس الرياضيات من أكثر طرائق التدريس شيوعا وبخاصة في مرحلة التدريس الأساسي، ويعود ذلك لعدة أسباب أهمها:

1. الظروف الاقتصادية المحدودة في المدارس

2. الاقتصاد في التكلفة

3. مدى توافر المواد والأدوات اللازمة

4. تجنب الخطورة في التنفيذ

والمقصود بالعروض التوضيحية العملية "العمل الهادف المنظم الذي يقوم به الطالب مصحوبا بالشرح النظري اللفظي وبإشراف المعلم" أو هو أي عرض عملي أو شفوي يقوم به (الطالب/الطلاب) لتوضيح مفهوم ما أو فكرة لإظهار مدى قدرة المتعلم(الطالب) على عرض ذلك بلغة واضحة وطريقة صحيحة، كأن يوضح مفهوما من خلال تجربة عملية أو ربط بالواقع.

لذا تعتبر الاختبارات المستندة إلى الأداء دليلا على إنجاز الطالب لأنها تؤدي إلى تحسين ملموس وصادق في العملية التعليمية من خلال إفساح المجال للطالب للقيام بالتجارب والأنشطة المختلفة واستخدام الأدوات والتكنولوجيا الحديثة في تعلمه.

** ويرى بعض علماء التربية أنه يجب أن تتوافر في مهمات الأداء السمات التالية:

1. **الواقعية:** أي أن يكون الموقف المستخدم يحاكي ويشابه المواقف الحياتية في قياس معارف ومعلومات ومهارات الطالب.

2. **الحكمة والتجديد:** أي القدرة على تطبيق المعارف والمهارات بحكمة وفاعلية في حل المشكلات التي تعترض الطالب في حياته وبيئته.

3. **الأداء العملي:** أي قدرة الطالب على القيام بالعمل وتوظيفه ميدانيا بدلا من استرجاع الطالب لما تعلمه وتسميعه فقط.

4. **إتاحة الفرص للتدريب:** أي إتاحة الوقت الكافي لممارسة الأداء المطلوب والحصول على التغذية الراجعة أثناء العمل والممارسة العملية للمهمة.

قائمة المراجع باللغة العربية

1. د. حسن أحمد خضر أصول تدريس الرياضيات، 1988، عالم الكتب للنشر والتوزيع

2. د. احمد أبو العباس , 1973, الرياضيات أهدافها وطرق تدريسها، دار المعارف - القاهرة

3. د. محمود شوق وأخرون، أساسيات تدريس الرياضيات الحديثة، 1970 دار المعارف القاهرة

4. أبو زينة- فريد،الرياضيات مناهجها وأصول تدريسها - دار الفرقان للنشر والتوزيع-عمان1982

5. الوقفي، راضي وآخرون، التخطيط الدراسي، عمان 1779

6. الوقفي ، راضي(2000)، الصعوبات التعليمية في الرياضيات- كلية الأميرة ثروة- عمان- الأردن

7. عاقل، فاخر: علم النفس التربوي، بيروت دار العلم للملايين،1987 الطبعة الرابعة

8. كرام، ديفيد : (ترجمة حسين قدورة)، التعليم بالتعليم المبرمج، دار المعارف بمصر الطبعة الأولى سنة 1975

9. د. عواطف إبراهيم: تعلم الطفل الرياضيات الحديثة عن طريق النشاط، دار النهضة العربية- مصر الطبعة الرابعة

10. د.يحيى هندام: "تدريس الرياضيات" دار النهضة العربية، القاهرة سنة 1980

11. اتجاهات حديثة في تدريس الرياضيات، الجزء الأول – اليونسكو- مترجم – الهيئة المصرية العامة للكتاب سنة 1964

12. د. محمود شوق وآخرون"أساسيات تدريس الرياضيات الحديثة) دار المعارف سنة 1970

13. د.عزت اسحق: ملخص رسالة دكتوراه على تدريس العمليات الأربعة لمحمد حسين علي – كلية التربية –جامعة عين شمس- مصر

14. د. سعد حسنين وآخرون: مدخل في الرياضيات الحديثة" الجزء الأول والثاني- دار المعارف – مصر سنة 1970

15. معهد التأهيل التربوي الأردن- تعيينات تدريس مواضيع خاصة في الرياضيات

16. د. محمد إبراهيم راشد، د. خالد خشان، مناهج الرياضيات وأساليب تدريسها، ط1/2009

17. إبراهيم، مجدي عزيز،فاعليات تدريس الرياضيات في عصر المعلوماتية، 2002، عالم الكتب للنشر والتوزيع- القاهرة - مصر

18. أبو علام، رجاء، النظريات الحديثة في القياس والتقويم وتطوير نظم الامتحانات، المركز القومي للامتحانات، بحوث المؤتمر العربي الأول

19. الأمين، اسماعيل طرق تدريس الرياضيات نظريات وتطبيقات، 2001 دار الفكر العربي – القاهرة -مصر

20. البكري، أمل والكسواني، عفاف، أساليب تعليم العلوم والرياضيات/2002 ط2 عمان، دار الفكر العربي للطباعة والنشر والتوزيع – الأردن

21. حمدان، فتحي، أساليب تدريس الرياضيات/2005، عمان ، دار وائل للنشر والتوزيع- الأردن

22. الـدوسري، مبارك،الإطـار المرجعـي للتقـويم التربـوي، ط₂/2002 المملكـة العربيـة السـعودية-الرياض،مكتب التربية العربي لدول الخليج

23. عباس، محمد والعبسي، محمد، مناهج وأساليب تدريس الرياضيات للمرحلة الأساسية الدنيا. عمان-الأردن- دار المسيرة للنشر والتوزيع والطباعة.

24. د.سامي سلطي عريفج، نايف أحمد سلمان: أساليب تـدريس الرياضيات والعلوم. الطبعة الأولى- دار الضياء للنشر والتوزيع-عمان الأردن/2005م

25. الاستاذ محمد عواد الحموز، تصميم التـدريس، الجزء الأول، دار وائل للنشر- عـمان – الأردن. سنة2004

26. د.نايف فهمي الزيود، هشام عامر عليان، التعلم والتعليم الصفي. الطبعة الأولى- دار الفكر للنشر والتوزيع-عمان- الأردن 1990

27. أ.د. أحمد عودة، القياس والتقويم في العمليـة التدريسـية، الطبعـة الأولى- دار الأمـل للنشر- والتوزيع – اربد/الأردن2005م

28. كتـاب الرياضيات للصف الخامس الأسـاسي، الجـزء الأول سـنة 2009 وزارة التربيـة والتعليـم الأردنية- قسم المناهج.

29. كتـاب الرياضيات للصف الثامن الأسـاسي، الجـزء الأول سـنة 2009، وزارة التربيـة والتعليـم الأردنية- قسم المناهج

30. كتاب الرياضيات للصف الثاني الأساسي، الجزء الأول سنة 2009. وزارة التربية والتعليم الأردنية. قسم المناهج.

قائمة المراجع باللغة الإنجليزية:

1. Mercer,c.(1997). learning Disabilities, Prent "e-Hall U.S.A

2. Lerner,J.,(1989)learning Disabilities (Theories, Diagnosis, and Teaching strategies). Boston: Houghton Mifflin, U.S.A

3. Miller,S,, Mercer.(1993).Using Data to learn About concrete-semi concrete- Abstract Instruction for students with Math Disabilities,(learning Research & practice), Lawrence Erlbaum Associates Inc, U.S.A.

4. Chin,S.T.& Asscheroft,R.(1993) Mathematics for Dyslexia. Whurrpub Ltd, London…..

5. Baur,G & George,L.(1985) Helping children Learn Mathematics,U.S.A

6. Bley.N& Thornton,c.(1987). Teaching Mathematics to the learning Disabled.London

7. Kutz, R. (1991).Teaching Elemontary Mathematics U.S.A

8. Bruner .J. The process of Education. Vitage Books.1963

9. Jhanson D.S Rising G.: Guidliues for Teaching Mathematics, Wadsworth pub.co.2nd ed.1972

10. Ven de wale, J.& folk, S.(2005) Elementary and Middle School Mathematics: Teaching develop ementally" New York: Longman

Printed in the United States
By Bookmasters